*Educational Thought on Foucault: Forces and Relatedness*

# 教育思想のフーコー

## 教育を支える関係性

目次

目次

## 文献挙示と注記について

1　文献を示す場合は、（　）で著者名、出版年、ページを指示しています。
2　訳書を示す場合は、原著書の出版年のあとにイコールを入れ、訳書の出版年、ページを入れています。
3　文献の書誌情報は、巻末に掲載されています。日本語文献は五十音順、欧文文献はアルファベット順です。
4　同一著者・同一年出版の文献は、出版年のあとに a, b, c, ……を付し区別します。
5　巻末の文献一覧は、著者名、出版年、題名、出版地、出版社で挙示しています。論文は、著者名、出版年、題名、雑誌名、巻・号、ページで挙示しています。
6　訳書は、原著者名、原著出版年、原著題名、原著出版地、原著出版社の順で記し、そのあとに＝をつけ、訳書出版年、訳者名、訳書題名、訳書出版社を記します。
7　注は、アスタリスク（*, **, ***）をつけ、各段落のすぐあとに入れています。
8　人名については、歴史上の人物のみ、文中に原語のつづり、生没年に付しています。

# プロローグ：喚起としての教育

## 1 喚起という行為

### †ペシミストとしてのフーコー？

一九九五年一二月に、有名なアメリカの哲学者、ローティ（Rorty, Richard 1931–）は、アメリカ近代言語学会の大会において、「偉大な文学作品のもつ喚起という価値（inspirational value）」と題した講演を行っている。そこでローティは、表題どおり、偉大な文学作品は想像力あふれる思考を喚起（啓発 inspire）する触媒である、と論じている。そして最後に、ローティは、フーコー（Foucault, Michel 1926–1984）とデリダ（Derrida, Jacques 1930–2004）に言及し、デリダは「過去のものにも永遠なるものにも依拠することなく創られる人間の未来を予言する、ロマンティックな想像力あふれる社会改良者」であるが、「フーコーはそのような想像力あふれる社会改良者であると見なすことができない」と述べている（Rorty 1998: 138＝2000: 151）。

単純な言い方をすれば、ローティにとって、デリダはオプティミストで、フーコーはペシミストであるといえるだろう。ローティは、「私は、フーコーが［現状についての博識な哲学者にとどまり］想像力あふれる思考にふけることを拒んだことを賢明な決断であるとは思わない。むしろ、フーコーが想像力あふれる思考にふけることを拒んだのは、フーコーが、不幸にも、人間が幸福になる可能性を信じることができなかったからであり、その結果として、必然的に美を幸福の徴候と考えることができなかったからである」と述べている（Rorty 1998: 139＝2000: 152 訳文変更）。

ローティの評言は、字面のうえでは、誤りではないように見える。なぜなら、たしかに一七世紀の思想家パスカル（Pascal, Blaise 1623–1662）のように、フーコーは「人間の幸福」の「存在」を否定しているからである。パスカルは、「幸福（bonheur）は、私たちの外にも、私たちの内にも存在しない」といい（Pascal 1993: VII, 465）、フーコーは「私には、幸福（bonheur）という理念が本当に思考可能なものだとはとても思えないのです。幸福などというものは存在しません。人間の幸福についてはなおさらです」と述べている（Foucault 1994＝1998–2002, No.50: 477–8）。

しかし、この文章を、ローティのように理解してはならない。この文章の真意を説明するためには、この本一冊を注釈としなければならないが、さしあたり、四点、述べておきたい。第一に、幸福は一意的に定義することが困難な抽象概念であり、理念としてかかげることは大きな混乱を生みだすこと、第二に、フーコーのいう「人間」は、近代的主体であり、歴史的相対化の対象であること、第三に、幸福を定義しそれに導かれなければ生きていけないと考えることは、人という存在をみくびることになるのではないか、ということ、そして最後に、よりよい状態をめざし闘うことに、かならずしも幸福の概念は必要ではないのではないか、ということである。

ともあれ、フーコーをペシミストと見なした人は、ローティだけではない。ドイツの高名な社会学者・哲学者であるハーバーマス（Habermas, Jürgen 1929–）も、フーコーをペシミストと見なしている。ハーバーマスは、フーコーのように、すべてを権力に還元することは、抵抗の可能性を無視することであると考えている（第4章参照）。ハーバーマスにとっては、フーコーは、対話的コミュニケーションをつうじ、理不尽な権力を解体するというハーバーマスの希望を打ち砕く、ペシミストである。こうしたローティやハーバーマスの言葉を信じた教育学者もいたのではないだろうか。

## †未知の思考の喚起という行為

本書は、こうした「ペシミストとしてのフーコー」というとらえ方を、根本的に否定することになるだろう。なるほど、フーコーは、近代社会について、思想史的な批判をくりかえしてきた。しかし、近代社会の思想史的な批判にかかわりつづけるということは、人間が幸福になる可能性を否定することを意味していない。むしろ、ローティが述べているように、もしもフーコーが人間が幸福になる可能性を本当に否定しているのなら、フーコーは、近代社会の思想史的な批判など、行わなかっただろう。いうまでもなく、それは無意味なことだからである。

一九七八年一二月に行われた長大なインタヴューにおいて、フーコーは、自分について、次のように述べている。「私の研究はすべて、絶対的オプティミズムにもとづいている。私は『事態はこうである。あなたたちは罠にかかっている』というために、研究しているのではない。私は、事態を変容させることができると信じ、研究している。私が行っているすべては、その役に立てるために、行われている」と（Foucault 1994, No. 281: 93）。ただし、フーコーは、何らかの真理を打ち立て、それによって民衆を教導する知識人として「事態を変容させる」ことを、望まなかったのである。

のちにあらためて論じるが、フーコーが「事態を変容させる」ためにとった方法は、「喚起」（edification/inspiring）という方法である。これものちにふれるが、フーコーは、ハイデガー（Heidegger, Martin 1889–1976）に大きな関心をいだいていた。にもかかわらず、ローティは、フーコーに「想像力あふれる思考を喚起する力」を見いださず、ハイデガーにだけ、その力を見いだしている。ローティは「［後期のハイデガーのような］喚起の哲学者の望みは、詩人がときおり垣間見せてくれる驚異——この世にまだ新しい何かがあるという驚き——の感覚のために、思考の余地を残すことである。その何かとは、すでに存在していたものの正確な表象ではない。それは（すくなくとも、さしあたりは）説明も明記もなしえないものである」と述べている（Rorty 1979: 370＝1993: 429 訳文変更）。

古東によると、『森の道』『野の道』『道標』などの著作に端的に表れているように、ハイデガーは、

「道」（Wege）を開き、人びとに、その「道」を自力でたどるように、うながしている。「道」といっても、既定路線ではない。みずから切り開く「道」である。自力でたどる「道」であるかぎり、行き着く先は、本人にすらわからない。ハイデガーも、「道」のいたる先を語っていない。彼は、ただ第一歩を踏みだす勇気を、人に与えるだけである。ハイデガーは、死の数日前に「全集編集上の留意点」という覚書を残しているが、そこに「道、著作ではない」（Wege, nicht Werk）と書いている。古東によれば、この言葉は、私の書いたものはすべて、何らかの場所に人を案内する「道」であり、その場所のすばらしさを語る「著作」ではないということを、意味している（古東 2002: 67）。

フーコーが取り組んできた「系譜学」という試み、のちにフーコー自身が「歴史的存在論（批判的存在論）」といいかえる試みは、ハイデガーのこうした「形式的指標法」（formale Anzeige）という叙述形態（古東 2002: 70）に近しいものだったのではないだろうか。すなわち、人に先入観を捨てさせ（「解体」）、存在に心を開かせ（「還元」）、現実的なものと前言語的なものとの接触を可能にすること（「開示」）、つまり、人を、脱近代的な新しい「道」に誘い、新しい「道」を歩ませるが、目的地を明示せず、読む人に、自力で目的地をつかませることだったのではないだろうか。

### †自己創出支援の教育の存立条件

ともあれ、人に新しい「道」を黙示し、人を新しい「道」に誘うことは、もっとも深い意味で教育と呼ぶことができるだろう。人が新しい「道」をつくり歩むためには、たとえば、何らかの音楽を聴いて音楽の聴き方が変わるように、新しい「道」に臨む人自身が、自分自身の経験によって、新しい自分自身を創り出さなければならない。それは、通常行われている、伝授、伝達の教育とはちがい、人がそれぞれに遂げるべき自己形成、自己変容の教育である。その意味で、ハイデガーの存在論も、フーコーの歴史的存在論も、もっとも深い意味で教育論であるといえるだろう。

新しい「道」をつくり歩むことは、「道」を黙示する人に追随し馴致されることではない。まして や、服従し支配されることではけっしてない。「道」をつくり歩むことは、あくまでも自分から選択し自分で遂行することである。だれかに自己変容を周到に計画されることでも、自己変容を強制されることでもない。自分を自分で変えるという側面を強調していえば、それは、ルーマン（Luhmann, Niklas 1927–1998）のいう「自己創出的（オートポイエーティック）」な営みである。

新しい「道」をめざし歩むことつまり自己創出を支援する人は、何かに怯えている人であってはならないだろう。というのも、ニーチェが暗示しているように、何かに怯えている人間は、他者に恐怖を与える人に、容易になりかわるからである。そして、他者に恐怖を与える者だけが、他者を服従させ、他者を支配するからである。反対に、何ものにも怯えていない人、課題を解決するうえでことさらに否定的感情をもちこまず、快活にふるまう人は、だれにも恐怖を与えないし、他者を馴致することもなければ、服従させることもない（Nietzsche 1967– [FW] = 1980: sec. 33）。

もしも自律性が、人が自分で自分を支配することであるのなら、それは自己創出的とはいえないだろう。自己支配としての自律性は、恐怖によって他者を支配するという、暴力的関係を、自己との関係に移しかえた結果だからである。それは、自分で自分を鼓舞し、自分をより高めることではなく、自分で自分を脅かし、自分を馴致することである。いわば、因習的な規範であれ、宗教的な規範であれ、また、教育学的な規範であれ、心理学的な規範であれ、何らかの規範をかかげる人間は、その規範に追随・臣従していない人間を、その規範によって脅かすという危うさを生きている。

自己創出支援の教育は、恐怖や怯えから無縁の営みである。それは、学ぶ人も、教える人も、何かに夢中になることで、過去の自己同一性、既存の位階的秩序にこだわる自分を忘れることである。それはまた、熱狂する群集に埋没するのではなく、軽やかな機知に敏感であることである。それはまた、知の迷路を心から愉しみ、とめどない探究に我を忘れることである。それはまた、嫉妬や妨害を生みだす尊敬や名誉を求めるのではなく、毀誉褒貶の彼方にある極星をめざすことである。それはさらに、たえず外に臨みながら、はるか彼方から、新しいよりよい〈私〉を〈私〉に呼び迎えることである。

何が、このような自己創出支援の教育を可能にするのか。自己創出を誘発する教育は、どのような思考のもとに成り立つのか。叡智のなかに生きる歓びを充分に感じるためには、どのように考えればよいのか。授業実践の明晰さ、学校空間の快適さ、予算措置の潤沢さ、といった物質的な条件ももちろん重要であるが、ここで試みたいことは、フーコーに誘われながら、教育にかかわる人びとがよりよい教育をめざすための思考、自己創出支援の教育を行うための思考を明らかにすることである。

フーコーは、過去半世紀における西欧の人文社会科学において、もっとも論じられることの多かった思想家の一人であるが、彼の思想を教育思想として読む作業は、これまでほとんどなかった。なるほど、教育諸科学においても、近年、フーコーの議論が取りあげられるようになったが、それらは、フーコーの規律化論、統治論をさらにこまかく検証する試みや（Hogan 1989, 1990; Deacon 2002, 2003; cf. Dean 1991）、一九八〇年代からの古代ギリシアの自己形成論を現代社会に取り入れられるべき倫理的実践であると見なし、紹介する試みである（Peters, ed. 1998; Peters 2003）。すくなくとも、前者の研究は重要であるが、フーコーの本領は、規律化論、統治論だけでなく、存在論にもある。彼は、その全体を彫塑し展開する時間を与えられなかったが、その片鱗を随所に示してきた。それらから、フーコーの存在論を読み解くことは、フーコーの教育思想を紡ぎ出す礎になるだろう。

## 2　フーコーの方法・主題

### †考古学から系譜学へ

ここで、フーコーの行ってきた思想史研究を、その方法論にそくしながら、俯瞰しておきたい。[*] フーコーにとっての最大の関心は、一八世紀末期に始まり二〇世紀後期に終わろうとしている（と彼が考えていた）「近代社会」である。近代社会は、資本主義、市場経済、主権国家、自律的個人、実証科学、技術化、機能的分化など、さまざまに特徴づけられてきたが、フーコーにとって、近代社会を特徴づけるキーワードは、主体と統治である。そしてフーコーは、近代社会に固有な主体、統治の形態を描き出すために、「考古学」(archéologie)、「系譜学」(généalogie) という方法を編みだす。

* フーコーの方法については、クレメール＝マリエッティ（Kremer-Maretti 1985＝1992）の『ミシェル・フーコー――考古学・系譜学』、そしてドレイファス／ラビノウ（Dreyfus/Rainow 1983＝1996）の『ミッシェル・フーコー』を参照。私にとってもっとも濃密で明解だったフーコー論は、ミラーの『ミシェル・フーコーの衝迫』（邦訳『ミシェル・フーコー／情熱と受苦』）である（Miller 1993＝1998）。ただし、私は、ミラーとはちがい、フーコーの私生活や生育歴からフーコーの思想を理解しようとは考えていない。

考古学は、一九六九年に出版された『知の考古学』で示された思想史の方法である。それは、一つの時代のなかの複数の知の領域に通底する基本的な考え方を析出し、他の時代のそれとのずれ・差異、つまり非連続を示すことをめざしている。いいかえるなら、考古学は、思想の変化を、哲学のみならず、さまざまな知の拡散・交差のなかに生じる基本的な考え方の総体的変化と考える。たとえば、西欧の一八世紀に経済学・言語学・植物学などの知の領域が生まれたが、考古学は、こうした一見、異なる知の領域に共通する一組の考え方を見いだす。「エピステーメ」（épistémè）――事物を認識する枠組――とも呼ばれるこの考え方は、特定の時代に固有のものであり（Foucault 1969a: 250＝1995: 290）、「観念が現れ、学問が構成され、経験が形成されることを可能にする」基礎である（Foucault 1966: 13）。前の時代のエピステーメと後の時代のエピステーメは区別されるから、かりに中世と現代において、同じ言葉が使われていても、その意味は同一視できない。

こうした考古学に対し系譜学は、一九七二年に出版された『言説の秩序』（邦訳『言語表現の秩序』）で示された思想史の方法である。系譜学は、かつてニーチェがとなえた同名の方法を踏襲している。

『言説の秩序』によれば、系譜学は、思想を人間の理性的な創造ではなく偶然的な生成と見なし（「転倒 renversement の原理」）、思想は連続的に構成されるものではなく不連続な諸実践の帰結と見なし（「非連続 discontinuité の原理」）、普遍的にではなく局在的に存立していると見なす（「特殊性 spécificitéの原理」）。そして、思想つまり言説の存立条件は、言説の整合性、エピステーメのみならず、言説の外部（物質性）にも見いだされるという（「外在性 extérioritéの原理」）（Foucault 1971: 53–61）。

系譜学は、考古学と似ているが、考古学とちがうところは、言説をとりまく物質的な存立条件を視野に入れているところである。その条件の中心は「権力の関係」を支えている「権力テクノロジー」である。権力テクノロジーは、およそアルチュセール（Althusser, Louis 1918–1990）のいう「国家のイデオロギー装置」（Ideological state apparatuses）に近しいもので（Althusser 1971）、たとえば、学校・病院・工場・保護施設・家庭などの、権力の関係を定め、規律化作用を発揮する制度を指している。つまり、系譜学は、思想を、歴史的に限界づけられ、かつ言説的・物質的に条件づけられた存在（être）として、立体的に示すそうとする試みである。

### ✝エピステーメ

フーコーの分析対象は、およそ次の三つにまとめられるだろう。第一に、心理学、教育学、精神医学、言語学などからなる人間諸科学のような「言説システム」に共通するエピステーメ。第二に、言説システムの外にあり、言説システムを固定する「実践的な装置」ないし「権力のテクノロジー」。

フーコーが「権力‐知」(pouvoir-savoir) と呼ぶものは、このエピステーメと権力のテクノロジーとが表裏一体的に結びついた状態である。第三に、近代的主体のような、権力テクノロジーとしての「自己との関係」すなわち〈私〉が自分に働きかけ、自己を権力の関係にふさわしく錬成する営み。

エピステーメに注目した研究は、『狂気の歴史』、『言葉と物』である。一九六一年の『狂気の歴史』においては、近代的な狂気概念が創出される過程が描かれている。フーコーはそこで、ルネサンス時代に、この世の外部から到来する「奇怪さ」「異様さ」として語られたものが、古典主義時代に「非理性」として語られ、さらに近代において「異常」すなわち「狂気」として語られる経緯を、詳細に跡づけている。主要な契機は、一七世紀半ばから一八世紀末にかけての、「狂人」たちの大監禁という社会的事象であり、合理主義的な〈理性／非理性〉という区別の出現であり、ブルジョア社会を背景とした、医学による、「非理性」の「異常」としての概念化である (Foucault 1972＝1975)。

また、一九六六年の『言葉と物』においては、一九世紀以降に支配的になっていく近代的な人間諸科学の歴史的な局在性 (普遍性の欠如) を示そうとしている。フーコーは、膨大な文献を渉猟しながら、一六世紀のルネサンス時代のさまざまな人間科学をフォーマットしている「類似」(ressemblance) を中心としたエピステーメ、一七世紀から一八世紀末期の古典主義時代においてさまざまな人間諸科学をフォーマットしている「表象」(représentation) を中心としたエピステーメ、一九世紀から二〇世紀後期の近代においてさまざまな人間諸科学をフォーマットしている「人間」(humanité) を中心としたエピステーメ、これら三つのエピステーメの違いを示そうとしている。

こうした考古学の議論のなかで、とくに衝撃的だったものは、フーコーがルソー、カント以降の人間諸科学を批判したことである。いいかえるなら、人間の主体性、自律性、能動性を強調する「ヒューマニズム」(humanisme) を批判したことである。* 『言葉と物』の最後で、フーコーは、次のように述べている。「一世紀半ばかりまえに始まり、おそらくいま閉ざされつつある一つの物語だけが、人間という形象を出現させたのである。……私たちの思考の考古学がはっきり示しているように、人間は近代の発明にすぎない。そして、おそらくその終焉が近づいている。……人間は、波うちぎわの砂の表情のように、消滅するだろう」と (Foucault 1966: 398＝1974: 409)。

* フーコーは一九六六年に、別のところで次のように述べている。「ヒューマニズムとは、道徳、価値、和解をつうじて、これまで解決できなかった問題を解決する方法である」。「システム理論が抽象的なのではない。［人間の道徳的な自律性を宣揚する］ヒューマニズムが抽象的なのである」。「ヒューマニズムについて私がもっとも怒りを覚えることは、それが今やもっとも反動的な思想をかくまう衝立になってしまっていることである」(Foucault 1994, No. 37: 516, 518)。ここでいうヒューマニズムは、カントの『人倫の形而上学的基礎』に即していえば、人間の内面性 (「超越論的主体性」) が人間の活動の源泉であり、その活動の対象が他者であり、自分も他者も「人間」という同一種に属していると考えることである (Todorov 1998＝2002: 46)。

## †権力テクノロジー

フーコーが「権力」(pouvoir)と呼ぶものは、フーコー独特の概念である。* フーコーにとって、権力は、知に対立するもの、つまり国家権力・警察権力などに象徴される権力はなく、広く認められている言説に内在し、その言説を再生産し、その言説が生みだす実践に内在し、その実践を定型化する、人と人の関係である。この関係は、人に何かを強制するだけでなく、人に何かを自発的にやらせる関係でもある(Foucault 1994, No. 356: 720)。とりわけフーコーが問題にした権力の関係は、『監視と処罰』(邦訳『監獄の誕生』)で詳論されているように、近代社会に固有な「規律化権力」(pouvoir disciplinairie)である。それは、一八世紀末期に創出され、二〇世紀にまで引き継がれてきたものであり、病院(医療)・監獄(監視)・学校(教育)などにおいて、人を「自律の主体」かつ「従順な主体」として形成する実践、つまり「主体化」(assujettissement/subjectivation)の実践として制度化されたものである。

＊　フーコーは一九七六年に次のように述べている。「『権力』という言葉で私が表そうとすることは、特定の国家内部において市民の帰属・服従を保証する制度・機関の総体ではない。……またそれは、ある構成体ないし集団から他の構成体ないし集団に及ぼされ、その作用が次つぎに分岐して社会全体をつらぬくようになる全体的な支配体制でもない。権力という言葉でまず理解されるべきことは、それが諸力の関係[この概念については後述する]であり、この関係が作動する場に内属しそれらの組織を構成することである。すなわち権力は、たえざる闘争と衝突によってそれらを変形し強化し逆転させる働き(jeu)である」(Foucault 1976: 121)。邦訳書、英訳書のように、jeu を「戯れ」「ゲーム」と訳すと、読者は混乱するだろう。jeu は、実践・営為・敢行など、具体的・実際的な行動を意味するからである。フーコーは、あるインタヴュアに、

jeux de vérité は「人が真理と遊び戯れること」を意味しているから、云々といわれ、こう答えている。「jeu という言葉は、誤解を招くかも知れない。私が jeu というとき、それは真理を創出する諸規則の総体を意味している。それは、何かをまねしたり、芝居をしたりするという意味ではない。それは、ある結果を導く手続きの総体である」と（Foucault 1994, No.356: 725＝1998–2002, No. 356: 240–1）。なお、教育学においてフーコーの権力概念を論じたものとしてバブラスの論文（Burbules 1986）がある。彼はそこで、ルークス（Lukes, Steven）、ハーバーマス、ギデンス（Giddens, Anthony）の権力論とちがい、フーコーの権力論は関係論的で、「環境によって定型化されている二者関係」「服従と抵抗という拮抗関係」によって特徴づけられる、と述べている（Burbules 1986: 97）。

規律化において、権力の関係を創出し確定するさまざまな実践的な装置、つまり「権力の装置」(dispositif de pouvoir) は、「視線」と「反省」を中心に設えられている。視線を中心とする権力の装置の原型は、啓蒙期の哲学者ベンサム（Bentham, Jeremy 1748–1832）が考案した「パノプティコン」(panopticon) を利用した空間である。反省を中心とする権力の装置の原型は、「性愛」(sexualité 性にかかわる考え方・やり方の総体) 概念を生みだしたキリスト教の「告白」(aveu/confession) である。フーコーは、パノプティコンは、監獄にとどまらず、学校・工場・軍隊・病院に適用されて「他人の視線」を利用した自律の仕組みをつくり、告白は、教会にとどまらず、医療・精神分析・裁判・教育実践に適用されて、「自己の反省」を利用した自律化の営みをつくりだした、と考えている。

フーコーにとって、規律化権力は、『性愛の歴史I——知への意志』において論じられる「生 - 権力」(bio-pouvoir) の一部である (Foucault 1976: 184ff＝1986: 177ff)。生 - 権力は、規律化権力の本体として、一八世紀以降、西欧に広がっていった大規模な統治形態であり、統治者が国民の生命的・身体的な能力を増強することによって国家の生産力・競争力の増大をめざし、出産育児、健康管理、教育訓練など、国民の生活全般に働きかけ、その生産力・競争力を高めさせる政策・施策である。

一九七六年から七九年にかけてフーコーが示した『性愛の歴史』全体の執筆計画は、この生−権力の由来を、中世キリスト教の自己との関係論、つまるところ、肉欲の「告白」(exomologesis)、肉欲の罪に対する「告解」(exagoreusis) という制度に求めようとするものであり、[*] その試みは、生命力賛歌・生産力讃歌という規範につらぬかれている、医学、社会医学、精神医学、心理学、教育学など、すべての近代の人間諸科学の背後に、キリスト教の自己との関係論を見いだす試みである。

* たとえば、『性愛の歴史I』の原著の裏表紙にかかげられた「続巻リスト」を参照されたい。そこで予定されている第2巻は『肉欲と身体』、第3巻は『少年十字軍』、第4巻は『女と母とヒステリー患者』、第5巻は『性的な倒錯者』、第6巻は『人口と民族』である。一九七八年に発表された論文「統治性」(La "gouvernementalité") は、一六世紀から一七世紀のポリス (ポリツァイ) 論にかんする研究であり (Foucault 1994, No. 239)、おそらく第6巻に近い内容だったのと思われる。また、一九七九—八〇年のコレージュ・ド・フランスの講義題目は「生者の統治」(Du gouvernement des vivants) であり、その内容は「初期キリスト教における魂の検討、ならびに告白にかんする手続き」である (Foucault 1989: 123-8)。これは、第2巻『肉欲と身体』に近い内容だったと考えられる。

## †自己のテクノロジー

しかし、フーコーの生‐権力論は、のちに急旋回し、古代ギリシアの自己形成論に行き着く。そのきざしは、一九七九年のスタンフォード大学の連続講演「全体的なものと個別的なもの」に見いだせる（Foucault 1988b [1979]）。この講演で、フーコーは生‐権力の起源を語るために、「司牧権力」（pastral power/pastorale du pouvoir）という用語を導入している。それは、初期キリスト教の人心操作の技法であり、司牧が、人の個別的な真実をあばくことで、その人の言動を規制することであるが、フーコーはそこで、この司牧権力と、古代ギリシアの自己形成論との違いを、強調している。

一九八四年に同時に出版された『性愛の歴史Ⅱ――歓喜の活用』『性愛の歴史Ⅲ――自己への配慮』は、この「全体的なものと個別的なもの」の前半部分をふくらましたものである。先の連続講演が「性愛の歴史」全体の骨子を反映しているとするなら、古代ギリシアの自己形成論、初期キリスト教の自己審問論をあつかった『性愛の歴史Ⅱ』『性愛の歴史Ⅲ』は、書かれるはずだった性愛の歴史全体の最初の三分の一に相当するだろう。中間の三分の一は、未完の『性愛の歴史Ⅳ――肉欲の告白』をふくむ、*六・七世紀から一四・一五世紀のキリスト教的な自己関係論と考えられ、最後の三分の一は一七・一八世紀の近代的統治（police/Polizei）論と考えられる。

＊　フーコーと親しかったエリボンによると、告解実践の歴史を描いた『性愛の歴史Ⅳ――肉欲の告白』は、一九七九年から八〇年にかけて完成していた（Eribon 1989＝1991: 439）。パリのフーコー・センターにゲラ状態で保存されている『性愛の歴史Ⅳ』を読んだことはないが、その内容を類推できるいくつかの手がか

りがある。一つは、アメリカのヴァーモント大学における一九八二年のフーコーの公開講義の原稿と、フーコーがそのときアメリカの研究者とおこなった共同研究とを収録した『自己のテクノロジー』である（Martin, L. H., et al, eds. 1988）。もう一つは、同年に『コミュニカシオン』に掲載された「純潔の闘い」（Le combat de la chasteté）という論文である（Foucault 1994, No. 312）。

しかし、フーコーは、近代的主体を、古代ギリシアの自己形成の主体、キリスト教の自己審問の主体から区別し、近代的な自己のテクノロジーの産物として彫塑するという、計画全体を中断するほかなかった。さまざまな理由があったと思われるが、最大の理由は、彼の健康状態の悪化だったのだろう。ともあれ、確かなことは、フーコーが求めていたものが自由であり、それがフーコーにとって倫理的なものであったことである。しかも、のちに（第6章で）確認するように、フーコーが求めていた自由は、フーコーが敬愛していた批評家ブランショ（Blanchot, Maurice 1907–2003）の言葉を借りていえば、「他者に対する応答責任」と不可分だったと考えられる（Blanchot 1983＝1986: 107）。

## 3　本書の主題と構成

### †生を語ること

さて、このようなフーコーの思想史研究のなかで、教育学がもっとも注目してきたものは、『監視と処罰』で展開された規律化論である。ボールの『フーコーと教育』（Ball 1990＝1998）、マーシャルの『ミシェル・フーコー』（Marshall 1996, 1998）など、英語圏で出版されたフーコーと教育にかんする著作は、かならず規律化論に注目し、自律性対規律化、抵抗対支配という対立図式をもとに、フーコーの思想を理解し、規律化、支配の教育を否定し、自律化、抵抗の教育を提唱している。

しかし、本書において私が注目するものは、フーコーの著作全体を貫いている主体性批判と、いささかめだたないが、有用性批判である（主体的であることは、国家・共同体・組織などの有能な従者でもあるという意味で、有用的でもあることである）。なるほど、試験・監視・学級などを主題とする規律化論は、近代教育批判になじみやすいが、もっとも重要な近代教育批判は、教育の思想的・社会的な存立条件を示しつつ、より確実に一人ひとりの子どものかけがえのない生によりそいつつ、既存の教育の形態を倫理的に刷新することである。そうした近代教育の批判的再構築を行ううえで重要な手がかりとなるものが、フーコーが行ったような主体性、有用性への批判である。

念のためにいえば、フーコーを踏まえて近代教育を批判することは、近代教育の営みを全否定することではない。近代教育のおもな営みは、主体化であり、個人利益のためであれ、国家利益のためであれ、有用化である。つまり、自己管理能力の育成であり、問題解決能力の育成である。しかし、ある教育学者が述べているように、「［教育者の意図にかかわらず］能力開発によるよりよい状態の達成という考え方は、不可避的に改革や刷新を求める人びとの夢を打ち壊すだろう。この考え方が、人間は自他を気遣う存在であることを無視し、人間を自分の性能を更新するために技能知識を装着してゆくモノと見なすからである」（Mourad 2001: 755）。いいかえるなら、生きることを主体的・有用的な能力に還元することは、よりよい状態を能力者にとってのよりよい状態に限定し、生の台座を看過することである。生という台座がなければ、能力などありえないにもかかわらず。つまり、主体性・有用性への批判は、能力と生の関係の編みなおしのために行われる。

どのような考え方をすれば、私たちに染みついている生についての主体性、有用性指向の言説を、とりあえず括弧に入れることができるのか。いいかえるなら、どのような考え方をすれば、自分自身を近代的な主体・有用の言説、個人・機能の言説からずらし、よりよい生の様態、より自由な、より倫理的な生の様態を喚起できるのか。本書の各章は、この問いに応えるために、フーコーの批判的探究を跡づける試みである。

## †各章の内容

各章は、主体、言語、規律化、……と、主題を変えながらも、フーコーの批判的探究が、全体として、よりよく生きるための台座へと収束していることがわかるように、構成されている。

第1章「フーコーの主体論：真理と唯名論」の主題は、フーコーが近代的主体を語るために採用した「唯名論」(nominalism)という考え方である。それは、フーコーの基礎命題であり、フーコーの真理への態度そのものである。第2章「フーコーの言語論：ブランショと外の思考」の主題は、フーコーの重視する「外の思考」を支えている言語(活動)の概念である。ブランショとのかかわりから明らかになることであるが、フーコーにとって、言語(活動)こそが批判的探究の源泉である。第3

章「フーコーの規律化論：ハーバーマスと批判」の主題は、フーコーが近代教育を批判するために示した理論的なスタンスである。それは、規則性を認識することで「外への喚起」を生みだすことであり、ハーバーマスが強調する規範にもとづく批判とは一線を画している。第4章「フーコーの装置論：ニーチェと力」の主題は、装置概念の前提であり、第2章で述べた「外の思考」を体現しているフーコーの自己概念である。それは、ニーチェが論じた「力としての自己」という概念と大きく重なり、他者への応答性を本態としている。第5章「フーコーの啓蒙論：カントとアクチュアリテ」の主題は、この「力としての自己」が「アクチュアリテ」と一体であることである。フーコーのいう「アクチュアリテ」は、〈私〉に呼びかける他者の声に応えるという、人間存在に固有な応答性をはらんだ現実である。カントの啓蒙論を、フーコーは評価しているが、このアクチュアリテまでは備えていないように見える。第6章「フーコーの倫理論：ハイデガーと関係性」の主題は、前章のアクチュアリテ論を受けて、フーコーの倫理論の特徴を、ハイデガーの存在論をふまえつつ描きだすことである。端的にいえば、フーコーのいう倫理は、人が生長するうえで、そして自由であるために欠くことのできない、他者との深い心情的な関係と一体である。

エピローグであらためて確認するが、本書は、多岐にわたるフーコーの思想を、他者との心情的な関係に収斂させている。他者との心情的な関係は、直接的に子どもの成長を加速・援助する方途ではないが、子どもの自由で批判的な生長をささえる台座、私たちがよりよく生きるための台座である。端的にいえば、他者との心情的な関係こそが、私たちのなかに、もっとも基礎的な倫理、感覚としての倫理を生みだすからである（以下、「他者との心情的な関係」を「他者との関係性」［relatedness to the other］、あるいはたんに「関係性」［relatednes］と表記する）。

### †教育思想のフーコー

フーコーは、教育学の世界では、規律化を論難するばかりで、何の代替案を示さなかった、と評価されることもあるが、それは適切なとらえ方ではない。規律化論は、フーコーの思想の一部にすぎないからである。彼の思想の本態は、自由、自己との関係、他者との関係――この三つの関係を明らかにすることである。フーコーにとって、真に自由であることは、そうであるだけで、他者と心情的な関係を結び、自己創出を呼び起こす自己との倫理的な関係を創りだすことである。一言でいえば、倫理的に自由な生によりそう思考をつづけること、それがフーコーの思想の本態である。そして、教育思想として語られるべきことも、自己利益を増やすための教育の方法ではなく、倫理的に自由な生によりそう教育である。本書を「教育思想のフーコー」と名づけた理由は、ここにある。

時代状況を考えてみるなら、一九九〇年代後半から、教育は、ヨーロッパで、大きな注目を集めるようになった。日本では、教育は個人の問題を解決する方策として位置づけられがちであり、競争指向、損得勘定、リスク管理にもとづく教育方法論に傾きがちであるが、ヨーロッパでは、教育は社会問題の解決策として位置づけられ、そのための方法・内容に大きな関心が集まっている。交通事故、環境破壊、成果主義、市民性欠如、少年犯罪などの社会問題を、教育によって解決しようというのである。こうした動勢は、現在、ドイツ語で「ペダゴギジールンク」(Paedagogisierung)、英語で「エデュケーショナライゼーション」(educationalization) と呼ばれている。

こうした「教育化」の営みは、教育学・心理学・社会学・脳科学などの最新の知見を活用し、いささか過剰な感情操作をともなう場合もあるが、その中心は、アメリカの「進歩主義教育思想」(社会的再構築論) やヨーロッパの「改革教育学」につらなる変革志向の思考である。すなわち、基本的に子どもたちを自律的個人に形成し、さまざまな社会問題に主体的にとりくませることであり、そうすることで、子どもたち自身を既存の社会環境の脅威から護り、また未来世界をよりよいものへと変えようとする、真摯な営みである (Depaepe/Smeyers 2008)。こうした「教育化」の営みは「教育のエンフォースメント」と呼べるだろう。

ともあれ、こうした「教育化」が留意すべきことは、個人問題の解決策であれ、社会問題の解決策であれ、方法中心の教育論は、肝心の教育の根幹を看過しがちであるということである。教育の根幹は、人がよりよく生きられるように支援することである。フーコーが今もなお、私たちにとって刺激的であるのは、彼の議論が、たんに問題解決に寄与する思考ではなく、人がよりよく生きることによりそう思考だからである。もちろん、人びとを悩ます問題は解決されるべきであるが、その解決法は、どのように生きるのかによって、かなり変わってくるはずである。「このように生きるべきである」と命じるのではなく、「生きるとはどういうことか」と問いつづけるとき、そこに、喚起としての教育の作法が浮かびあがり、人を真に自由にする関係性が描き出されることだろう。それは、社会を変える力であり、唯一の解答はないが、自己への、他者への、そして世界への真摯な応答である。

# 第1章　フーコーの主体論：真理と唯名論

*Foucault on Human Subject: Truth and Nominalism*

「（近代的）主体とは何か」と問うために必要な視界は、唯名論の視界である。それは、普遍的なものは事物ではなく意味であると考えることであり、人間は普遍性としての意味から逃れる生成変化であると考えることである。フーコーの歴史的存在論の根幹は、この唯名論である。唯名論は、諸力の関係と権力の装置との動態、真理への意志と真理の言説との動態によく反映されている。真理の言説に依拠する近代的主体は、諸力の関係を見失い、この動態を弱めていく。そのとき、近代的主体は、近代社会の秩序を再生産する権力の装置となる。このことから当面帰結する課題は、主体形成としての近代教育を、ただ宣揚することではなく、それを諸力の関係と権力の装置との動態、真理への意志と真理の言説との動態を喚起する営みとして理解し、その背景と限界を確かめることである。

## 1　主体の真理へのかかわり

### †真理へのかかわり

一九八四年一月二〇日に、フーコーは、三人の識者から実質的に最後のインタヴューを受けている。そこでフーコーは、西欧人は「なぜ自分よりも真理を気にかけるのか、なぜ真理を気にかけることによってのみ、自分を気にかけるのか」と自問し、それは、西欧人にとっての「根本的な問題であった」と述べている。西欧文化が、こうした「真理へのかかわり」(soucie de la vérité) から離れたことは、これまでに一度もなかった、と。

「西欧文化全体が、なぜこうした真理〔へのかかわり〕という義務を担いつづけるのでしょうか。その担い方が、なぜじつにさまざまなのでしょうか。いずれにしても、私たち〔西欧人〕が、この真理へのかかわりという義務を外して、〔人生や営為についての〕方略を定義しえたといえるような証拠は、現在にいたるまでどこにもありません。人びとは、支配のもたらした効果にときどき対抗しながら、あちこちへと移動するばかりでしたし、その支配は、真理に関係する構造や、真理を備給する制度に結びついていました」(Foucault 1998, No. 356: 723–4)。

フーコーにとって、(西欧の) 人びとが真理にかかわること、いいかえるなら、「真理を言葉にすること」(véridictions「誠実であること」も意味する〔Foucault 1998, No. 345: 632〕) は、西欧文化がもたらした宿命である。この場合の「真理」は、科学的真理だけでなく、人間的真理でもある。すなわち、「自然とは何か」「生命とは何か」といった問いに対する答えでもあれば、「私たちは何者か」「生きるとはどういうことか」といった問いに対する答えでもある。たとえば、シェークスピアの『ハムレット』に登場する内務大臣ポローニアスの「自分自身に対し、正直であれ!」という言葉も、真理を言葉にすることにひとしい。ちなみに、彼はこの言葉どおり生きて、ハムレットに刺し殺された。

こうした「真理へのかかわり」は、西欧史において、神学的な探究、科学的な探究として現れただけでなく、大規模な抗議運動、批判運動としても現れてきた。たとえば、一六・一七世紀のプロテスタンティズムのカトリック批判は、真理へのかかわりの現れである。ルター、カルヴァンなどのプロテスタントは、カトリックの修道院、洗礼聖日、司教職、そして法王に対しても、「魂」(soul/âme/Seele) ないし「精神」(spirit/esprit/Geist) という内在する「神性」(divinity 神の属性) を根拠に、激しい非難、攻撃を繰りかえした。プロテスタントにとって、そうしたものすべては、真理をめざす内在的神性と無関係であるにもかかわらず、神の権威をかたる涜神的なものであったからである。

### †主体形成としての近代教育

プロテスタントのみならず、近代的主体 (human subject/sujet) という人間の在りようも、このかかわり審判する〈私〉の別名が「精神」「理性」「良心」「道徳性」「主体性」である。[*]真理にかかわり真偽・正誤などを審判する〈私〉によって指導・教導される人間である。この真理に正誤などを審判する〈私〉と、真理にかかわらず、真偽・正誤などを審判される〈私〉から成り立ち、り」によって成り立っている、というべきだろう。近代的主体は、基本的に真理にかかわり、真偽・「真理へのかかわり」と無縁ではない。否、無縁ではないどころか、近代的主体は「真理へのかかわ

＊　主体という概念をめぐるフランス知識人の議論については、ナンシー（Nancy, Jean-Luc）の編集した『主体の後に誰が来るのか？』（Nancy ed. 1989＝1996）を参照されたい。同書にはブランショ、ドゥルーズ、デリダ、ラクー＝ラバルトなどが寄稿している。ちなみに、この「主体のあとにだれが来るのか」という問いに、ブランショは「私が何者かを示しつつ、あなたを私の誘惑から背を向けさせるためだけにあなたを誘惑する」「大いなる私なき私」（moi sans moi）という答えを示唆している（: 78–9）。

たとえば、近代教育学の始祖と見なされてきたルソー（Rousseau, Jean-Jacques 1712–1778）は、一七六二年に『エミール』のなかで、能動的である「判断」と、受動的である「感覚」を区別している。「魂」すなわち「判断」する〈私〉が、真理にかかわる〈私〉であり、「感覚」する〈私〉は、真理にかかわらない〈私〉である。めざすべき人間は、「判断」する魂の力の大きな人間である（Rousseau 1964–9（1762b), t. 4: 571, 573＝1962, Vol. 2: 130, 133）。もう一人の近代教育学の始祖であり、『エミール』に感銘を受けたというカント（Kant, Immanuel 1724–1804）も、のちの章でふれるように、ほぼ同じような主体のシェーマを設定している。

こうした、真理に密接にかかわる主体という概念は、一九世紀以降、すくなくとも西欧社会では広く受け容れられていった。「自律性」(autonomy)、「個人性」(individuality/individualité) という言葉は、およそ「主体性」と同じ意味で用いられた。こうした主体概念が定着するうえで、近代教育が果たした役割は、かなり大きかったといえるだろう。ルソー、カント以来、近代教育学においては、主体概念が人間の基本的な理想像として提示されてきたからである。「主体形成」(subject formation/Subjektbildung) という言葉は、ほとんど使われなかったようであるが、一九世紀初期あたりから、教育学が盛んに語ってきた「人格形成」(character formation, personality formation) や「人間形成」(Bildung) は、主体形成にほかならなかったからである (田中 2005)。

### †主体の危うさ

しかし、主体という概念は、厳しく批判されることもあった。一九世紀後期についていえば、ニーチェによる主体概念批判がよく知られている。有名な言葉は、『力への意志』における「『主体』は一つのフィクションにすぎない」というアフォリズムであろう (Nietzsche 1964 [WM] = 1993: No. 370)。ニーチェはまた、一八八七年に、私たちの科学全体は「なお言葉の誘惑にとらわれたままで、『主体』という奇形児を背負っている」と述べている。「[近代人は] まるで強者の背後に強さを現したり、現さなかったりすることが自由にできるような、一種の中立的主体性 (Subjekt) があるかのように考えている。しかし、そうした主体性は存在しない。行為・作用・生成の背後に『普遍性』といわれるものがあるのではない。『行為の主体』という言葉は、たんに想像上ものであり、行為につけ加えられたものにすぎない——行為がすべてなのだ」と（Nietzsche 1967– [GM] = 1987: 51）。

二〇世紀において、よく知られている主体批判といえば、ハイデガーのそれであろう。ハイデガーにとって、主体は、すべてを道具化し、技術的支配に人間を埋没させる原因である。一九三八年の『世界像の時代』のなかで、ハイデガーは次のように述べている。『技術的に組織された人間たちが企てる、宇宙的な規模の帝国主義において、人間の主体主義は頂点に到達する。そこで人間は、組織的な画一性の地平に落ち着き、そこに住み着くだろう。その画一性は、完全な、つまり地球を技術的に支配する確実な道具となる。主体性という近代の自由は、それに完全に適合した客観性のなかに没入していく。……しかし、人間が主体であることだけが、歴史的人間がもつ唯一の可能性であることは、これまで一度もなかったし、……これからもないだろう」と（Heidegger 1950 = 1962: 69）。

フランスにおいて、もっともよく知られるのは、アルチュセールの主体批判であろう。アルチュセールは、主体を〈大主体／小主体〉という二重態、〈呼びかけるもの／呼びかけに応えるもの〉という二重体ととらえている。この二重態は、経済の〈経営者／労働者〉、政治の〈統治者／被統治者〉、法の〈裁定者／被裁定者〉、医療の〈医師／患者〉、学校の〈教師／生徒〉、家庭の〈親／子〉にも見いだされるもので、基本的に大主体の命じる規範を実現しようとして、小主体がたえず努力しつづけるという状態を示す。つまり、アルチュセールにとって、主体は、自由であるどころか、既存の資本主義的・位階秩序的な権力に従ってしまうという危険性をはらんでいた（Althusser 1971; 今村 1997）。

フーコーの主体批判も、こうしたニーチェ、ハイデガー、アルチュセールの主体批判とつうじている。フーコーは、ニーチェのように、人間の行動を規定しているものとして意志よりも実践を重視しているし、アルチュセールのように、審判する自己が社会の言説に意味づけられていると考えている。そして、ハイデガーのように、主体は一つの可能性にすぎないと考えている。つまり、神性としての「魂」は存在しないし、主体性は真の自由を保証するものでもない、と。フーコーにとって、主体は、一方で理性的であり、自己批判を行うこともできる人間であるが、他方でこの世の趨勢的秩序を追認することにつながり、その意味で、人はもっとも深い次元に位置する権力の装置でもある。

## †主体をどのように問うか

本章で示したいことは、フーコーが主体概念をどのような見地から批判しているのか、その方法論的な概要である。あらかじめ述べておくなら、フーコーの方法論は、「思想史的」と形容される方法であるが、一般の思想史とは大きく異なり、「普遍性」と思われている規範命題を歴史化することを重視している。そして、その規範の歴史化のために、普遍性を事物の側ではなく、言語の側におく「唯名論」(nominalism)という立場をとっている(Foucault 1980a: 56; 1976: 123)。

先走っていうなら、もしもフーコーが唯名論の立場をとらなければ、フーコーは、主体概念批判を論理的思考として遂行できなかっただろう。いいかえるなら、フーコーの採用した唯名論という立場と、フーコーの主体概念批判とは、表裏一体の関係にあったといえるだろう。まず、主体概念の中身、歴史的存在論の唯名論的な特徴を確認し、そのあと、フーコーの基本的な理論にその考え方が反映されていることを確認したい。最後に、フーコーの主体概念批判が教育にとってどのような意味をもっているのか、簡単に述べたい。

## 2　主体を問う歴史的存在論

### †主体という自己との関係

フーコーにとって、一九六〇年代、七〇年代に一世を風靡した実存主義・現象学は、それらが批判していたはずの近代的な主体概念にとらわれたままであった。そこでは、「自己同一性」すなわち審判・希求する〈私〉と審判・希求される〈私〉との同一化が求められていたからである。一九七八年に行われたあるインタヴューで、フーコーは次のように述べている。

「サルトルが語るような哲学においては、主体が世界に意味を与えています。……主体はもろもろの意味を世界に付与します。こうした考え方に対する［私の］問いは、主体が唯一可能な存在形態といえるだろうか、でした。主体とはちがい、もはや自己への同一性によっては構成されないような［自己との］諸関係はないのだろうか。主体が解体し、［主体的な］自己との関係が壊れ、自己同一性を喪わせるような経験は存在しないのだろうか。ニーチェが永劫回帰によって経験しようとした経験は、このような［脱主体の］経験ではなかっただろうか。こういう問いでした」（Foucault 1994＝1998–2002, No.281: 205 訳文変更）。

フーコーにとって、主体とは、基本的に「倫理」（éthique/ethics）を基礎として構成される「自己との関係」（rapport à soi）である。注意したいのは、倫理がしばしば「道徳」（moral）から区別されている点である。倫理は基本的に個人的・実際的なものであり、道徳は基本的に制度的・規範的なものである。そして、この二つは無縁なままではない。道徳が、つねに倫理を絡めとろうとしているからである。その意味で、フーコーのいう自己との関係は、個人的・実際的な「倫理」によって多様に構想されるが、制度的・規範的な「道徳」にたえず回収されんとする、〈私〉と自己との関係である。

フーコーは、主体のなかに見いだされる自己との関係に、次の四つの要素を見いだしている。①たとえば「良心」「理性」のような、個人的・実際的な「倫理内実」（substance éthique）、②たとえば「良心に従う」態度、「理性に従う」態度のような、「主体化の様態」（mode d' assujettissement）、③たとえば「良心」にもとづく「罪の告白」のような、「自己の実践」（pratique de soi）、④たとえば「罪の告白」によって到達される「完全性」のような、制度的・規範的な「道徳目的」（téléologie morale）である（Foucault 1984c: 352–4; 1994: 618–20＝1998–2002, No. 344: 83–6）。

フーコーは、具体的な内容はともかく、この主体の四つの要素が、古代ギリシアの自己形成論にも、中世キリスト教の自己審問論にも、そして近代的主体論にも見いだされる、と考えている。いいかえるなら、主体の構造は、古代ギリシアから近代にいたるまで、長い系譜をもつ概念である、と。問題の近代的主体について、フーコーはまとまった分析を行うことができないまま他界したが、いくつかの論考を総合するなら、その内容は、およそ次の三つにまとめられるだろう。

### †キリスト教・合理主義・近代統治論

第一に、近代的主体は、宗教改革・反宗教改革とともに確立された、キリスト教的な自己との関係を原型にしている（Foucault 1976: 80–2; 1983a）。それは、「告白」（avec/confession）という自己の実践をモデルとし、反省する〈私〉が経験する〈私〉を審問することで醸成される、自己言及態である。反省する〈私〉が経験する〈私〉を審問することは、反省する〈私〉が「真理への意志」に絶対服従していることを意味している。たとえば、ルソーが『エミール』の「サヴォアの助任司祭の信仰告白」において描いている助任司祭は、そうした自己審問を繰りかえす人間である。ルソーは、次のように述べている。「［情念に］屈服するときの、なによりも耐えがたき苦しみは、自分は抵抗することもできたのだ、と感じることである」。そして、このように感じる〈私〉、反省する〈私〉は、「人間を神と同様のものにする……良心」である、と（Rousseau 1964–9［1762b］, t. 4: 583, 601）*。

＊　ヘーゲルなら、この良心の流布を、十字軍の遠征に見いだしている。ヘーゲルは『歴史哲学序説』において次のように述べている。「［一三世紀初期に十字軍が墓からキリストの遺体を救い出そうとしたが］キリスト自身の遺骸は、とうとう［墓から］発見されなかった。……しかし、墓のなかには、じつは真の転回が

あった。墓は、感知される存在の不在が消え去るところである。神聖な墓においては、虚しさの感情は消え去り、すべてが厳粛になる。つまり、特定のもの、感知される存在の否定によって、転回が生じる。ここに『あなた［＝神］は、あなたの聖なる者［＝神の子］を朽ち果てるままにしておかない』という［聖書の「使徒言行録」（2–27）に記された］言葉の意味がある。……キリスト者は、この墓を見て、かつてイエスの弟子たちが主の身体を求めたときに与えられた答えを、あらためて聞いたのである。『なぜ生きている者を、死んでいる者のなかにさがすのか。あの方はここにはいない。復活したのだ』［「ルカ伝」（24–5）］と。すなわち、あなたは、あなたの宗教の原理を、感知されるものに、死者の墓に求めるべきではなく、あなた自身の生きた精神［聖霊］のなかに求めるべきである、と。……こうして、人間は、神性をもつ特定の存在を自分自身のなかに求めなければならない、と意識するようになった。こうして、主体性に絶対的な意味が与えられた。主体性は、それ自身において精神［聖霊］的なものに関係するものとなったのである」（Hegel 1986, VPG, Bd. 12: 471–2＝1971, 下: 103–4 訳文変更）。「主体的精神は、真理のなかで自由になり、自分の固有性を否定し、自分の真理のなかで自分自身に到達することができる。ここにキリスト教的な自由が実現されるのである」（Hegel 1986, VPG, Bd. 12: 495–6＝1971, 下: 142–3 訳文変更）。

第二に、近代的主体は、一七世紀の合理主義で説かれた自発的・理性的な能動性でもある（Foucault 1971: 47–53）。あくまで一つの側面であるが、一七世紀の合理主義は、キリスト教の神という絶対者から、その創るという働きを人間に移植することで生みだされた思想である。その移植は、人間が（人間をふくめて）すべての存在者の自己同一性（本質）を定める、という命題を定立することである。パスカルは、この様子を見ていた神の考えを、次のように推しはかっている。「彼［＝人間］は、自分で自分の中心となり、私［＝神］の助けから独立しようと欲望した。彼は、私の支配から逃れた。そして、自分のなかに幸福を見いだそうとし、その欲望によって、自分を私とひとしいものとした。私は、彼の欲するままにさせた。そして、それまで彼に付き従ってきたものすべてを、彼に背くものとし、彼の敵とした」と（Pascal 1993: VII, 430）。

第三に、近代的主体は、一八世紀の統治論で説かれた主権国家と不可分な自己統治する人間である（Foucault 1983a: 220–221）。「自己統治」（autonomie/self-government）とは、自分が自分を規律し制御することであり、市民社会的な自己言及性を生みだし、また統治者が被統治者であるという国民国家的な自己言及性を可能にするものである。この意味で、人びとは、主体としてみずから国家・社会を維持しているからこそ、国家・社会の権力から逃れられない。ルソーの思想は、ここでも一つの典型である。ルソーは『社会契約論』において「最強の［国家］権力といえども、その権力を［個人の］権利に転換し、かつ［自分への］臣従を義務に転換しなければ、その権力が支配権たるほどに充分に強力となることはけっしてない」と述べている（Rousseau 1964–9 [1762a], t. 3: L1-C3）。

フーコーは、のちに、「真理」ではなく「自己利益」（self-interest）のみにかかわる市場的個人も、主体と位置づけようとしたが（Foucault 2004）、さしあたり、市場的個人は脇に置こう。そうすると、フーコーが描こうとした近代的主体はおもに、反省をつうじて自己を成熟させることで自律し、また自己を外の世界・未来に積極的に拡大し、さらに近代的統治と一体化する人間であるといえるだろう。

### †〈私たち〉とはだれか

さて、フーコーは、このように、近代的主体を一つの歴史的な事象としてとらえることを、「歴史的存在論」(ontologie histoire) ——ないし「批判的存在論」(ontologie critique) ——と呼んでいる。「歴史的存在論」という言葉は、一九八四年の「倫理の系譜学について」「啓蒙とは何か」のなかで、ほとんど唐突に使われた用語であるが (Foucault 1984c: 45; Foucault 1984e: 351)、それは、それまでフーコーが語ってきた「系譜学」の別名と考えればよいだろう。フーコーは次のように述べている。

> 「系譜学には三つの領域が考えられる。第一に真理との関係における私たち自身の歴史的存在論。つまり、私たちが真理を通して私たち自身を知の主体として構成していることである。第二に、権力との関係における私たち自身の歴史的存在論。つまり、私たちが権力を通して自分自身を他者への働きかけの主体として構成していることである。そして第三に、倫理との関係における歴史的存在論がある。つまり、私たちが倫理を通して道徳的な主体として自己を構成していることである」(Foucault 1984e: 351　傍点引用者)。

こうした歴史的存在論は、「私たちという歴史的存在 (être historique) についてのたえざる批判である」。主体的である (西欧近代的な)「私たち」の「合理性」(rationalité) がはらむ危険性を析出することが、フーコーのいう歴史的存在論である (Foucault 1984e: 50, 48; 1994, No. 339: 571 = 1998–2002,

No. 339: 16)。[*]

＊　フーコーにとって「合理性」は「理性」（raison）ではない。「合理性とは、人間の諸行動の総体をプログラムし方向づけるものである。……もっとも暴力的な諸形態のなかにも、ある種の合理性がある。そして暴力のなかでもっとも危険なのがその合理性である」。フーコーにとっての問題は制度・行動に作用している「合理性」であり、「理性」ではない。「私は理性と闘っているのではない。理性と闘うことなんてできないだろう」（Foucault 1994, No. 272: 803＝1998–2002, No. 272: 112）。

フーコーのいう「私たち」は、フッサール（Husserl, Edmund 1859–1938）が一九三六年の『幾何学の起源』において述べている「人間性」を分けもつ「私たち」でもある。フッサールは次のように述べている。「成人の意識（異常者や幼児の意識はこれからのぞかれる）に見いだせる正常な人間性が、人間性の地平として、また言語共同体として重視される。この意味において、人間性は、それぞれの人間にとって、「私たち」という地平（Wir-Horizont）をなしている。それは、正常な仕方でたがいに充分に理解しあい語りあえる能力の共同体である」と（Husserl 1954b＝1995: 500　訳文変更）。

「私たち」が主体的であることが、どのように危険であるのか。この問いに対するフーコーの答えは、じつは完結することがなかった。何よりも、フーコーの死が、その解答を中断したからであるが、同時に、この問いそのものが、論理的にいえば、完結させることができない問いだからである。というのも、主体的である「私たち自身」を問うこと自体、いわば、主体的な問いだからである。「私たち」が主体的であることを問おうとすれば、その問いが主体的なものとなり、主体的であることを完全には問いきれなくなるからである。つまり、主体への問いは、問う人が主体的であるかぎり、精確に答えるどころか、厳密に問うことができないような、なんともやっかいな問いなのである。

「私たちが断念しなければならないのは、私たちの歴史的限界〔主体的であること〕を構成しているものについて、完全で決定的な認識を与えるような視点に到達できるという希望である。このような視点、私たちの限界、その乗りこえについて、私たちが行う理論的・実践的な経験は、それ自体、つねに限界づけられ、限定されている。したがって、この経験は、たえず繰りかえされなければならないのである」(Foucault 1998, No. 339: 575)。

## †フーコーの唯名論

どうすれば、主体的である「私たち」が主体的であることを批判できるのか。この歴史的存在論の難問への挑戦を可能にする思考が「唯名論」なのかもしれない。フーコーは、何度か、自分の立場を「唯名論」と呼んでいる。ただ、フーコーは、唯名論は権力はだれかが所有している力ではなく、人を方向づけるさまざまな実践の総体であると理解するために必要である、とだけ述べている。「〔規律化権力を正しく理解するためには〕おそらく唯名論者(nominaliste)の立場をとらなければならないだろう。権力は、制度でも、構造でも、ある種の人がもっている力でもない。それは、特定の社会において、錯綜した方略の総体に与えられた名称だからである」と（Foucault 1976: 123）。

フーコーは、自分のいう「唯名論」がどのような唯名論なのか、いっさい説明していないが、私なりに布衍してみよう。いわゆる「唯名論」は、中世の哲学者オッカム（William of Occam 1288–1348）の思想に代表されるような言葉と物の関係論であり、普遍性を言葉、概念にのみ認め、もののなかには認めない、という立場である。たとえば、人間性は、すべての実在の人間に内在する実体ではなく、言葉、概念として考えられたものである、と考える。いいかえるなら、唯名論は、どこかに「本質性」「普遍性」があって、それがすべての現象を生みだしていると考えるのではなく、いろいろなものが寄せ集まり、そこに一つの構図のようなものが浮かびあがり、それがそこに集まっているものを方向づけると考える。したがって、唯名論者であることは、世界の事象のすべてを統括する「神意」（神言［de nomere］）も、すべてを貫徹する法則も、すべてを審問できる法律も、実質的に棚上げすることである。文脈が醸しだす拘束力、いわば場の空気のようなものが、「普遍性」「本質性」と呼ばれるものの本態である、と考えることである。

おそらく、フーコーの唯名論も、普遍性、本質性の実在を否定し、すべてのものは一回的・固有的に生成すると考えたことだろう。その場合、唯名論の前提は人間の有限性である。神の「絶対的能力」（potentia absoluta）に比べるなら、人間という有限の能力しかもたない者が、いかに普遍性、本質性を考えてみても、それがどのようなものなのか、精確に把握することはできない。したがって、基本的に、事象は、そのつどそのつどの一回的、個有的な生成である。なるほど、実証科学の進歩は、さまざまな事実を明らかにし、さまざまな法則を証明している。しかし、この世界の始まりも、この世界の歴史的経緯も、私たちは精確に知らない。したがって、私たちは、この世界におこることを厳密に知ることができない。ましてや、そうしたすべてを規定する普遍性、本質性など、語りうるはずもない。語りえるのは、つねにささやかな現実、ささやかな問題である。

したがって、唯名論においては、人間が人生を賭けてめざすべきものも、語りえないものである。たとえば、キリスト教が語ってきた人間の「完全性」（Perfection）の達成という人生課題は、この世界のなかの人間が先取したり確定したりできるような、本質的、普遍的な理想像などではない。人間が神性に類比される完全性を確定することは、涜神行為である。完全性は、それが確定されえないテロスであるからこそ、人間によって敢然とめざされるべきものである。いいかえるなら、私たちのよりよいものを敢えて求めるという指向性は、何らかの規範として提示されるものではない。

このようにフーコーの唯名論を理解するなら、権力の関係は、何か普遍的な原則に規定され、人間にいっさいの批判を許さない関係ではなく、主体も、普遍的なる神言に導かれ、それから一歩もはずれられない存在者ではない。権力の関係に「絶対的権力者」のような中心はなく、主体のなかにも「人間の自然本性」のような中心はない。権力の関係は批判可能なものであり、主体は脱主体化可能なものである。人間の同一性は、継起するできごとの予測不可能な多数性（分散性）の、ひとときの持続性にとってかわられる。フーコー自身が明言しているわけではないが、こうしたフーコーの唯名論によって、主体として語られている「私たち」も、非主体的になりうると考えることができるはずである。ともあれ、もうすこし具体的にフーコーの基礎理論を確認しよう。

## 3　諸力と権力の唯名論

### †権力の装置

さて、フーコーにとって、知は、権力の関係がはたらくための大前提である。人が科学者のいうことに自発的に従うわけは、人が科学がどういうものか、すでに知っていてそれを信じているからである（科学など信じない魔女は、科学者のいうことに自発的に従ったりしない）。そして、この知の生産・再生産は、教育によって行われてきた。そして、この教育は、権力の関係をともなってきた。教育は、学習の教育者への服従、臣従をもとに、伝授、享受の営みとして、成り立ってきた。

こうした教育に付帯する権力の関係は、フーコーのいう「装置」(dispositif) に支えられてきた (Foucault 1976: 139)。この権力の装置は、多様で流動的で非対称的である〈私〉と他者との関係、〈私〉と自己との関係を、機能的、制度的な社会関係、自己関係に変換する、日常的な行為、身体形式、空間編成、法規定、科学的命題、エピステーメ――「エピステーメはとりわけ言説的な装置をさす」(Foucault 1977＝1987: 113) ――などである。端的にいえば、教育に付帯する権力の装置は、人の他者、自己との関係を、有用的、規約的な関係に変換するさまざまな機構である。

こうした権力の装置と自他の関係のあいだには、循環構造がある。権力の装置によって他者との関係や自己との関係が機能化、定式化され、この機能化、定式化された他者との関係や自己との関係が、その権力の装置の重要な一部を構成し、この権力の装置が、ふたたび、自他の関係を機能化、定式化するからである。つまり、権力の装置は、その効果のうちに内在しつつ、その基礎を再構成する。

具体的にいえば、近代の権力の装置は、国家、企業、学校、科学、家父長制など、さまざまなかたちで存在している。なかでも、とりわけ見えにくく、したがって根底的であるそれは、身体、内面に埋め込まれた権力の装置、機能化・定式化されている自己像、自己感覚である。じっさい、こうした自己形象が機能化・定式化されるなら、他者との関係も揺らぎにくくなる。自己の機能化・定型化は、言動の機能化・定型化を意味し、すでに機能化・定式化された言動は、それにそぐわないものを異物・ムダにしたて、逆らいがたい嫌悪感、生理的な嫌悪感を生みだすからである。

### †諸力と権力の唯名論

ところで、フーコーは、紛らわしいことにも、権力の関係と区別されるもう一つの力を語っている。それは「諸力の関係」（rapport de forces）と表記されるときの「力」であり、「歴史のなかで作動している諸力（forces）は……偶然的な闘争に対応している」といわれるときの「力」である（Foucault 1971b: 161）。この「諸力の関係」は、「闘争」（agonism）を本態とする関係に生じる差異の関係あり、無数の非対称＝不均衡な関係である（Foucault 1983a: 220–2; cf. 1976: 121–3）。

具体的にいえば、この闘争は、装置をすり抜けようとする真剣な謀り・図り・試み（Jeu これは

「戯れ」「ゲーム」ではない）であり、権力の関係に対する侵犯である。それは、相手を虜にするための「恋の駆引き」であり、教師の「眼をかすめること」であり、狡猾な相手のやりくちを「逆手にとること」である。こうした闘争は、権力の関係の近傍でうごめき、権力の関係をたえず「諸力の関係」に差しもどし、そこに溶かし込もうとする営みである。フーコーは次のように述べている。

「権力［の関係］が可能になる条件、すくなくとも権力［の関係］が作動する条件を……よりよく理解するために、私たちは……至上にして唯一の中枢を求めるべきではない。私たちは、それを揺れ動く台座に求めるべきである。すなわち、それ自体の不均衡性によってたえず権力［の関係］を誘発し、かつそれを局地的で不安定なものにしている、諸力の関係に求めるべきである」（Foucault 1976: 122）。

この「諸力の関係」は、どこから生じるのだろうか。おそらく「諸力の関係」の外部に、諸力を生みだすものはないだろう。諸力は、二項の差異（不均衡）から生じるものである。たとえば、気圧の差があれば、風が生じる。電圧の差があれば、電流が生じる。社会的な力、人間的な力も同じように考えられる。趣向・指向・意図の差があれば、力が生じる。諸力の関係は、どこであれ、だれであれ、最低限、二者のあいだに差異があり、相互作用があれば、生じるものである。

おおまかにいえば、この〈諸力の関係／権力の関係〉という区別は、ドゥルーズの〈欲望の組成／

権力の関係〉という区別にも似ているが、[*]古典的な唯名論の〈存在／もの〉という区別にも似ている。古典的な唯名論において「在る」(est)――「存在」(esse/Being)――という語は、さまざまなカテゴリーを横断し、さまざまなものに結びつき、さまざまな意味を作る述語である。したがって、諸力の関係のように、それは、そのつどそのつどの分散化、流動化を身上としている。この「在る」という語になんらかの主語が特定されるとき、有限性としての「もの」(les/beings)すなわち事象が存立する。このように、主語の特定が「存在」を限定し「存在者」を創設することは、主体形成が諸力の関係を限定し、機能的・定型的な権力の関係を創設することに、似ているといえるだろう。

＊　ドゥルーズの欲望の組成論は、一九七七年にフーコー宛てに書かれた私信に端的に示されている。その手紙は、一九九四年一〇月に『マガジーヌ・リテレール』誌に「欲望と歓喜」と題されて掲載された(Deleuze 1994)。ちなみに、ドゥルーズと仲違いしたばかりのフーコーは、この手紙に返事を出さなかった。

### †〈諸力の関係／権力の関係〉の往還動態

こうしてみると、フーコーの唯名論と、古典的な唯名論とのちがいも見えてくる。古典的な唯名論は、存在の分散化、流動化のはるか背後に神意を見ているが、フーコーの唯名論は、諸力の関係それ自体による分散化、流動化を前提にしている。いいかえると、ハイデガーの〈存在／もの〉の循環関係のように、〈諸力の関係／権力の関係〉の動態関係を前提にしている。この動態は、明滅をくりかえす諸力が、局在化する権力の関係になり、その権力の関係が諸力の関係の明滅を喚起することである。人は、偶然的に構成されたテクスト、テクノロジーといった権力の装置に捕らわれ、権力の装置に変換されるが、またそれらをずらし転倒していく。この動態をおしとどめたり秩序づけたりする全体的秩序、包括的理念は、フーコーの唯名論においては、想定されていない。

したがって、権力の関係の内／外という区別は、絶対的ではない。この区別は、諸力の関係が生みだした一時的な区別であり、永続するとみえるとすると、それは幻想である。たしかなものは、たえず・あちこちで生じる諸力の差異、その差異からの差異である。いわば、大海に生じしばらく持続する潮の流れ、ないし砂の海に生じしばらく残っている砂の丘が、権力の関係である。それは大きく変化しうる暫定的な流れ、丘である。フーコーが問うことは、どのような権力の関係がどのように諸力の関係を限界づけているのか、その権力の関係はどのようにして生まれてきたのか、である。

たとえば、フーコーにとって人が生きることは、まさに権力の関係の外を黙示している。生きることは、機能的、定型的な社会関係、自己関係に完全に回収されないからである。「生きることが余すことなく、生きることを支配し経営する［権力の］テクノロジーに組み込まれたことなど、まったくない。生きることは、たえずそれから逃れ去るのだ」（Foucault 1976: 188）。これは、未来社会のヴィジョンではなく、フーコーが前提にしている存在論的事実である。それは、フーコー自身の生きざまでもあった。フーコーは、一九六九年に、「私に……同一の状態にとどまれ、といわないでくれ」。そんなことは「官僚や警官にまかせておけばよい」と述べている（Foucault 1969a: 27）。*

＊　たとえば、ニーチェは、『道徳の系譜学』において次のように述べている。「私の著作が『読める』ようになるためには、……ともかく『近代的人間』であってはこまるのだ」。近代的人間は自分を客観的に認識しようとする。しかし「私たち自身に対し、私たちはけっして『認識者』ではない」（Nietzsche 1967– [GM] = 1987: 22, 12）。「私たち」は、認識する私をはるかに超える力に晒されているからである、と。

ようするに、フーコーの唯名論的な立場とは、〈存在／もの〉という分節を規範化することなく、この分節に類比される〈諸力の関係／権力の関係〉の動態関係を黙示し喚起することをめざし、一般性・普遍性・必然性の一回性・個体性・偶然性を開示するという態度である。フーコーが採用してきた研究のスタイルは、基本的に思想史的であるが、その思想史は、歴史化する＝物語ること（[hi] story）によって諸事象を連続化し必然化する思想史ではなく、系譜学的に＝発生論的に諸事象を非連続化し偶然化する思想史である。フーコーが身体は「歴史に全面的に枠づけられる」が、「歴史的に解体される」というとき、前者の「歴史」と後者の「歴史」とは、別の歴史である（Foucault 1971b: 154）。前者は歴史物語としての歴史記述であり、後者は歴史的存在論としての思想史である。

## 4　合意に対する態度

### †真理への意志と真理の言説

こうした〈諸力の関係／権力の関係〉の往還動態は、〈真理への意志／真理の言説〉の動態に類比される。真理への意志は、なるほど真理の言説を生みだすが、真理の言説に回収されるわけではなく、真理の言説からつねにはみだし、真理の言説を更新しようとするからである。フーコーは一九七一年に「真理への意志を明証化しようとする真理［の言説］は、まさに、この真理への意志を隠しそこねているということを、身をもって示している」と述べている（Foucault 1971a: 22）。

また、フーコーが一九八三年に、カリフォルニア大学バークレー校で行った連続講義で語った「パレーシア」（Parrhesia）は、真理を語ることであるが、真理として語られたもの、すなわち真理の言説ではなく、真理への意志に近い営みである。「パレーシア」は、古代ギリシアの言葉で、直訳すれば「率直な語り」「自由な主張」であるが、そこには、すでにある真理を維持しようとする保守性ではなく、敢然と正しいものを求める勇気がふくまれているからである。フーコーはそこで「パレーシアは、危険に直面して語るという勇気と結びついています。それには、危険があるにもかかわらず、真理を語る勇気が求められているのです」と述べている（Foucault 1999b: 4; 2001b＝2002: 17）。

いわゆる「目的論」は、こうした真理への意志から離れ、真理の言説を制度化する言説である。たとえば、ハーバーマスの議論は目的論的である。彼がめざすところは、「対話的コミュニケーションによる合意」を足場にモデルネを批判し、「根源的な解放」を実現すること、しかしその足場をモデルネのなかに発見することである。その「足場」は、啓蒙思想が説いた「人間の成熟」つまり主体性である。つまり、主体性が、対話的コミュニケーションによる合意の存立条件である。

哲学者のガダマー（Gadamer, Hans-Georg 1900–2002）にとって、ハーバーマスのこうした考え方は納得できないものだった。ガダマーにとって、ハーバーマスは、主体以外の人の在りよう、とくにガダマーが思いをはせる古代ギリシア的な生き方を認めていないように見えたからである。ガダマーは次のように述べている。ハーバーマスの求める「根源的な解放をめざす意識は、……解釈学的にみれば、虚偽意識の選択にほかならない」。なぜなら、「根源的な解放」は、それをめざす主体によって定められた自家撞着的な「合意」にすぎないからである。ハーバーマスのいう「人間の成熟」は「結局のところ、うさんくさい」理念である、と（Gadamer 1976a: 42; 1976b＝1979: 91）。

### ✝合意の言説への批判

フーコーは、ハーバーマスが宣揚する「合意」による規範の定立を否定しないが、それだけで充分であるとは考えない。「合意」は〈真理への意志／真理の言説〉の動態を覆い隠し、権力の関係を固定化することになりかねないからである。なるほど、近代国家は、政治力学的な駆け引きや利益誘導的な思惑工作が交錯しているとはいえ、基本的に合議制・民主制という手続きによって意志決定を行っている。その意味では、合意の言説が政策を決定している。フーコーにとって、そうした合意の言説は尊重されるべきであるが、その言説に支配されるべきではない。合意の言説は、それが近代的主体を前提にして構築されるものであるかぎり、つねに疑われるべきである。

フーコーは、近代的主体が前提にされているかぎり、ハーバーマスの「合意にもとづく政治」という理念が「権力の関係という問題を帳消しにしてくれると思わない」と述べている。たしかに、ハーバーマスがいうように、「合意は、いかなるときも維持されるべき基本的な理念である。……しかし、おそらく人は、合意されているものに賛成してはならないだろう。また合意されていないものにも反対しなければならないだろう」と（Foucault 1984d: 378–9）。

合意の言説は、〈私たち〉という同一性をつくりだす。「○○国民」「○○民族」といった〈私たち〉の同一性は、〈私たち〉を安心させるが、〈私たち〉が〈私たち〉の同一性に安住するとき、〈私たち〉は〈私たち〉を機能的に主体化している国家の「生 - 権力」に取り込まれ、自由を喪っていく。したがって、今まさに必要なことは、近代的な権力構造の批判的探究である。

> 「今日めざすべきことは、私たちがだれであるかを発見することではない。私たちがだれかであることを拒否することである。近代的な権力構造である、「すべての人間を主体化するために」個別化するとともに全体化するという政治的なダブルバインドを排除するために、私たちがほかの何者になりうるのか、想像し構想しなければならない」（Foucault 1983a: 216）。

ここでフーコーが求める批判的探究が先に述べた歴史的存在論であり、すべての主要な合意、価値規範を、支持／反対の境界線上に立たせ、「歴史的に私たちを限界づけているものの［歴史的］分析」に向かうことである（Foucault 1984e: 42, 43）。この「限界［＝境界線上に立つという］態度」（limit-attitude）は、自分が自分を枠づけているものにかかわる別のものを構築しうると信じるかぎり、とりうる態度である。この態度を選んだフーコーにとって、批判的であることは、普遍性・正当性をいだく規範から現行の実践を論難することではなく、権力の限界を示すことで、〈諸力の関係／権力の関係〉、〈真理への意志／真理の言説〉の唯名論的な往還動態を事実として示すことであった。

### ✝内に臨み、外に臨む思考

このように見てくると、フーコーが『言葉と物』の最後で、次のように「人間の消滅」を語った理由も、いくらかはっきりしてくるだろう。ヒューマニズムや啓蒙思想が創造した、神にかわって世界を定立した制作する「人間」こそ、諸力の関係、いいかえるなら、「匿名の言説」ないし「基底的な作者」（Foucault 1971a: 7–8; 1966–7: 7–9; cf. 1969b: 103–4）を閉塞させる権力の装置だからである。

> 「こんにち、人びとは、人間の消滅によって残される空虚なかでのみ、思考できる。なぜなら、この空虚は、欠如を示すものでも、埋めるべき欠損を指示するものでもないからだ。それは、ふたたび思考が可能になる空間の開示以外の、何ものでもない」（Foucault 1966: 353）。

右の引用からもうかがえるように、フーコーにとって、未来、自由、力の可能性は、「思考」から広がっていくものである。思考は、本来的に複合的・矛盾的な営みだからである。すなわち、それは、自己の延長であると同時に、自己の外にも広がっていくものでもある。いいかえるなら、思考は、主体の内にある自己に言及するだけでなく、主体の外にあるものにも言及する。どのような思考も、すでに自分のなかに定位しているものに向かい、主体性・個人性を求めるが、同時にいまだ未知なるものに向かい、脱主体化・脱個人化も求める。

本来的に複合的・矛盾的である思考は、唯名論的な往還動態の契機である。それは、めざすべきものに向かい、私たちを自己創出と不可分の諸力の関係に誘い、私たちをもっとも深くとらえている自己という権力の装置からずらしていく。その意味で、思考は、イマジネールな音楽のように、奏でえない〔語りえない〕形象を喚起する力である。それは、生産性・有用性にかかわりなく、言葉の生き生きとした溢れだしのように、のりこえがたい自分の死をのりこえる無為の営みのように、多様に生成し、変容していく。それは、古代ギリシアの人びとが「ピュシス」と呼んだものに、フーコー研究者のライクマンが「エロス」と呼んでいるものに、通じているかもしれない（Rajchman 1991）。ともあれ、思考については、章をあらためて論じることにしょう。

## 5　近代教育の文脈

### †機能システムのなかの近代教育

近代教育の存立条件を考える足場を求めて、近代的主体を問うフーコーの歴史的存在論を読みといてきた。私は、フーコーの歴史的存在論について、強引な解釈を施したのかもしれないが、かりそうであったとしても、確かなことは、近代的主体が、近代教育の目的であり前提であると同時に、〈諸力の関係／権力の装置〉の歴史的動態のなかに浮かびあがる構築的実体である、ということである。すなわち、それは、創られたものであり、価値あるものであるが、同時に批判可能なものでもある。

近代的主体というあり方を価値づけているものは、近代（現代）社会という文脈である。フーコーは、それを「生の統治管理」「生‐権力」という言葉で語っているが、私は、むしろルーマンのように、近現代社会の文脈を、機能システム連関ととらえてみたい。それは、経済システム、政治システム、法システム、学術システム、教育システム、家族システムなどの機能システムが相互に連関した状態である。機能システムは、それぞれ固有の課題をもち、その課題を、それぞれ固有の規範・方法にもとづいて解決していく。たとえば、政治システムは、紛争を解決するという課題をもち、その課題を統治という方法で解決していく。教育システムは、子どもを人生に備えさせるという課題をもち、その課題を学校教育という方法、なかでも人格形成、能力形成といった方法で解決していく。どの機能システムにおいても、どのシステムにおいても、人間は、操作行為・意志決定の主体である。責任、責務、能力、成績が強調されるのは、人間が主体と見なされている証拠である。

したがって、機能システムのなかで生きているかぎり、人は、日々の営み全般をつうじて、自分を主体化していくことになるだろう。それは、人が、さまざまな機能システムの権力の装置をつうじて主体として定式化され、自分自身がそうした機能システムの権力の装置と化していくことである。それは、見方を変えるなら、人が、経済界なり、教育界なり、何らかの世界（業界）で成功し、その高度な能力を認められ、その世界を方向づけ、他の人びとを評価し指導する立場につく、ということである。その意味では、権力の装置となることは、権威ある存在となることと、重なっている。どちらにしても、機能システムという文脈と主体というあり方は、不可分である。

しかし、機能システムのなかで生きることは、機能システムを批判できないということではない。人は、主体的に自発的に機能システムの歯車となって現状をただ維持しなければならない、というわけではない。たえず変化する環境のなかで、つねに不充分な知見のなかで、機能システムは、つねに不完全だからであり、そのシステムを構成する者は、自分の「思考」を通じて、そのシステムを改善し、新しい環境、新しい知見に適応する責任を負っているからである。機能システムのなかで生きていかなければならないからこそ、人は、だれであれ、機能システムの廃絶、解体を唱えるのではなく、機能システムのかかえる問題を析出し、それをもっとましなものにしていかなければならない。

## †ポジティブな教育学へ

フーコーの歴史的存在論を念頭に置くなら、機能システムはまた、機能システムそのものの危険性をとりあげ、その問題解決にとりくまなければならないだろう。それは、いいかえるなら、機能的であること、有用的であることそれ自体のはらんでいる危険性を認識し、その危険性を最小限におさえることである。機能性の危険性は、機能的であればあるほど、見えなくなる問題である。

教育システムについていえば、教育システムそのものの危険性の一つは、教える側の伝授・伝達のコミュニケーションが肥大するばかりで、学ぶ側の自己創出の契機が看過されることである。規範すなわち真理命題・道徳命題は、実際に教育を行ううえでどうしても必要である（嘘を教えるわけにはいかない）。しかし、規範を重視すればするほど、教育のコミュニケーションは、伝授・伝達のコミュニケーションに切りつめられてしまう。それは、知識技能をモノのように扱い、それをもっとも効率的、迅速に相手に渡すこと、それこそがもっとも大切なことであると考えられていくことである。それは、あきらかに事実に反している。知識技能は、たしかに教えられるものであるが、それが「教えられた」といえるのは、それが、学ぶ子どもたち自身によって、習得、体得、会得されたときだからである。つまり、学ぶ側の自己創出的な自己変容が、教育の実現においては、不可欠だからである。

教育システムのかかえているもう一つの危険性は、その営みが、学力形成、能力形成に限定されていくことである。なるほど、できないことができるようになること、それは大きな歓びである。しかし、それは、できないことを否定し侮蔑する心、できないことに同情し憐れむ心を生みだす契機でもある。どちらの心も、人が生きているという事実それ自体の崇高さを看過する契機となりうる。生きているという事実が、能力の多寡と無関係な歓びを生みだすこと、この存在論的な事実を忘れさせるきっかけとなりうる。それは、教育学の視野を狭め、教育への態度を貧しくすることになるだろう。

能力・学力という問題にばかりかまける態度から、能力・学力と生きることの亀裂を注視する態度に転じとき、教育学の視野は大きく広がるだろう。今、教育学にかかわる私たちに必要なことは、私たちを狭い可能性に封じることに深くかかわってきた近代教育学の言説の危険性に自覚的であること、そのための探究を欠かさないことである。そうした研究こそ、ポジティブな教育学の名に値するだろう。ポジティブであることとは、成果が保証されるものにだけポジティブになることではなく、一人ひとりの生きることにポジティブになることである。

一九八〇年四月六日付けの『ル・モンド』紙日曜版において、フーコーは次のように述べている。「かつて、教育（enseignement）の主要な機能は、個人の形成であり、それは社会におけるその人の位置を決定することを意味していた。しかし、今日では、教育の機能は、次のように理解しなければならない。すなわち、教育とは、個人が、自分の好ましさに応じて自分を変えることを可能にすることである、と。ただし、このような教育の機能は、教育を子どもたちに『分け隔てなく』提供できるという条件が満たされる場合にだけ、可能である。……私がいっているのは、［人がかかわり、創りだす］文化の選択肢がたえず更新されるべきであるということ、その選択肢が可能なかぎり多様であるべきだということである」と（Foucault 1994, No. 285: 109–110＝1998–2002, No. 285: 291）。これは、個々人の固有な生によりそいつつ、その自己創出を喚起するポジティブな教育の提言である。

以下の各章で明らかにしたいことは、このようなポジティブな教育を提言可能にする言説的条件である。どのような思考が、フーコーをして、多様な生成によりそう教育、自己創出支援の教育を語らせているのか、である。それを、言語（外の思考）、規律化（批判）、装置（自己）、啓蒙（アクチュアリテ）、倫理（関係性）という、五つの概念を手がかりに、浮き彫りにしてみよう。

# 第2章　フーコーの言語論：ブランショと外の思考

*Foucault on Language: Blanchot and Thought toward Outer*

第2章の主題は、フーコーの重視する「外の思考」を支えている言語（活動）論である。フーコーにとって言語活動は、主体的・有用的な言語活動であるだけでなく、この主体的・有用的な言語活動の限界に人を連れもどす脱主体的・非有用的な言語活動、「外の思考」でもある。主体的・有用的な言語活動は、言葉と意味形象を一対一に対応させ、世界・自己を創造し、問題解決としての「実践」に結びついているが、「外の思考」は、言葉と意味形象のあいだにとどまり、世界・自己を異化し、問題化を生みだす「経験」に結びついている。フーコーは、「外の思考」を強調しているが、「外の思考」の存立条件は、主体的・有用的な言語活動である。その意味で、「外の思考」は、「外の思考」によって侵犯されるものに支えられている。しかし、「外の思考」の言語活動を、もっとも深いところで支えているのは、他者の声に応えるという態度、他者と無為の関係をとり結ぶことである。それは、言葉を人を結びつけるときにも、言葉を人から話すときにも、必須の言語活動である。

フーコー――……人間と労働との間には本質的な関係なんてありません。
学生――しかし、それはわれわれが実際に行っていることです。
フーコー――何をしてるって？
学生――労働です！
フーコー――たまにはね。
(Foucault 1994, No.221: 475)

# 1　フーコーの言語（活動）論へ

## †フーコーのフィクション

フーコーにとって、人間の活動は、基本的に歴史的・局在的な営みである。それは、一定の歴史的・地理的な場所、意味世界を基本的な存立条件として、成り立つものである。そして、フーコーが試みたことは、この歴史的・局在的な活動が創りだす「規則性」（全体的な趨勢）を描き出すことである。次章でとりあげる「規律化」による「主体化」という趨勢は、そうした規則性の一つであり、近代社会に見いだされる大きな特徴である。むろん、フーコー自身のメタ理論の一部、すなわち「歴史的・局所的な規則性がある」という前提命題も、歴史的・局在的な営みの帰結である。

しかし、「歴史的存在論」というフーコーのメタ理論が、フーコーの描きだす規則性と同じように、歴史的・局在的な営みの帰結であるとしても、彼が描き出す規則性は、妥当なものでなければならない。いうまでもないが、それは、荒唐無稽な嘘、たんなる娯楽作品であってはならない。フーコーにとって、自分が書くもの、語ったことは、人びとを説得し、人びとの共感を呼び、人びとをよりよいもの、多様でより自由なものへと新たに生成させる、喚起の力をもたなければならないからである。フーコーは「ギリシアの賢人、ユダヤの預言者、ローマの立法者」といった先導者のモデルをすべて退けつつも、現代社会に深く関与する「知識人」として生きようとしていたからである。いいかえるなら、「政治家とは異なるやり方で政治に参画すること」を望み、「可能なかぎりの誠実さをもって、革命が望ましいものかどうか、知ろうと試み」ていたからである（Foucault 1994, No. 200: 269, 267）。その試みを支えていたものは、この世界をよりよいものにしたいという強靱な意志である。

とはいうものの、フーコーにおいては、論述に妥当性、喚起力を求めることは、「自分の記述は真理である」と宣言することではない。真理の言説、記述の真理性を支えているものは、記述の主体が、記述の対象から完全に区別され、それに対し、認識論的な優位に立っていることである。いいかえるなら、対象から独立し真理性を語りうる人間は、絶対的理性を体現する人間である。しかし、フーコーは、そのような絶対的理性から無縁であり、自分が書くものがフィクションであることを恐れていない。実際にフーコーは、「私の本は、純粋にたんなるフィクションである」といい、「私は、ある種の歴史的フィクションを書いている。ある意味で、私は、自分のいっていることが真実ではない、とよく知っている」と公言している（Foucault 1994, No. 48: 591; No. 280: 40; cf. Deleuze 1986＝1987: 191）。

## †フーコーの言語（活動）論へ

フーコーのいう「フィクション」とは、いったいどのような言説なのか。人びとを納得させながらも、真理の言説であることを拒否する言説とは、いったいどのような思考なのか。この問いに答えるためには、フーコーにとって、言説（言語を用いる営み）とは何であるのか、という問いに正面から取り組まなければならない。いいかえるなら、フーコーの研究（歴史的存在論）のスタンスを厳密に把握するためには、フーコーの「言語活動」（langage）論を確認しなければならない（フランス語の langage は、英語の language とちがい、「言語」だけでなく「言葉を用いる活動」を意味する）。

フーコーの言語（活動）論を理解するうえで重要なヒントとなる素材が、フーコーの初期の評論「外の思考」である。この評論で、フーコーは、ブランショの文学論を踏まえつつ、言語の本態を示そうとしているからである。ブランショといえば、顔写真をいっさい公開せず、「顔のない作家」と呼ばれ、「権威者」（autorité）としての「著者性」（auteurité）を拒否したことで、有名である。彼はまた、レヴィナスの親しい友人であり、レヴィナスともども、ハイデガーの思想との対話・対決をつづけた。フーコーが若いころをふりかえり、「私はブランショになりなくてしかたがなかった」と述懐しているように、すくなくとも一九六〇年代のフーコーの著作は、大きくブランショの影響下にあった。

ごく簡単にいえば、ブランショにとっての言語は、複合的・矛盾的な営みである。一方でそれは「なによりもまず能力（pouvoir）」である。すなわち「自然を裁断し支配し徴用するというあきらかな暴力」である。その能力が人間に向けられるときに生まれるのが、「主人と奴隷の弁証法」であり、近代以降、始終人間につきまとってきたもの、主体を求める態度である（Blanchot 1959: 48）。しかし、ブランショにとって、言語は他方で、こうした暴力を退ける契機でもある。言語活動は、人が「終わりなきもの」（l'interminable）――後述の「言語の存在」――に身を委ねることでもあるからである。いいかえるなら、言語活動は、死に逝くことを定められている人間が、「私」という自分の位置づけすなわち主体的・有用的であることを忘れ、また死の定めを真摯に生きることを可能にする唯一の営みでもあるからである。ブランショは、書くことは、「無限」（l'infini）という状態すなわち「今ここ」と「どこにもない」とが一致する点を見いだすことである、と述べている（Blanchot 1955: 21, 52）。つまり、ブランショにとっては、言語とは、人を主体性、有用性に縛りつける軛であると同時に、人を終わりなきもの、語りえないものにいざなう境位（エレメント）でもある。

以下に示すように、フーコーの言語活動の概念は、こうしたブランショの言語活動論、またバタイユ（Bataille, Georges 1897–1962）の言語活動論と密接につながっている。以下に、まず、フーコーの分析対象が、言語活動の二面性を暗示するかのように、「経験」と「実践」という、二つの対照的な営みであることを確認したい。次に、同じようにまた、フーコーのいう言語活動が、主体的、実践的な言語活動であるだけでなく、脱主体的、経験的な言語活動でもあることを確認したい。そして最後に、フーコーの言語活動論が暗示する「有用の思考」と「無為の思考」の関係についてふれつつ、フーコーいう「フィクション」が、「外の思考」の現れであることを示そう。

## 2　実践概念と経験概念

### †言説と経験

第1章で確認したように、フーコーの歴史的存在論（系譜学）は、主体的である「私たちが言うこと、考えること、行うことを批判すること」である。それは、何らかの「普遍的価値としての形式的構造」を確保するためではなく、「〈私たち〉が今のような私たちではなかったかもしれない」という可能性を示すために行われる。〈私たち〉が、必然的に今のようであるのではなく、偶然的にこうなっていることを示すために行われる（Foucault 1984e: 351; 1994＝1998–2002, No. 339: 19–20）。〈私たち〉の変容可能性を示すために、フーコーが採用した基本的な方法は歴史化である。すなわち「私たちが考えたり、論じたり、行ったりすることを分節している言語（言説）を歴史的事象としてあつかうこと」である（Foucault 1984c: 46）。フーコーの方法は、〈私たち〉の営みを意味づけている言葉・言説を、思想史のなかに位置づけること、すなわち一定の歴史的情況を生きた人によって創られたものとして扱い、また別の情況を生きた人によってさまざまに読みかえられたものとして扱うこと、いかなる意味も本来的に変移的であり流動的であると理解することである。

フーコーにとって、言語（言説）は、次の三つの要素の基層をなしている。「理解の領域」（champ de connaissance）、「規範の編成」（ensemble de règles）、「自己との関係」（mode de relation de l'individu à lui-même）である。理解の領域は、科学的、宗教的、経済的などの、なんらかの知の領域である。規範の編成は、科学的な真理、宗教的な救済、経済的な利益など、何らかの知の領域を規定している主要な原則である。そして、自己との関係は、自己形成的な主体、自己否定的な主体のような、〈私〉が〈私〉を反省し意味づける様態である（Foucault 1994, No. 340: 579＝1998–2002, No. 340: 27）。

**†実践と思考**

理解の領域、規範の編成、自己との関係にかかわる言語（言説）は、科学的な実践、宗教的な実践、教育的な実践といわれるような、何らかの特徴をもつ「実践」（pratique）を生みだす。確認するなら、フーコーのいう「実践」は、日本語の「実践」がふつうに意味する「実際に行うこと」ではなく、何らかの目的を達成する「やり方」（manière）である。いいかえるなら、フーコーのいう「実践」は、何らかの「問題」に対する一つの解決策である（Foucault 1994＝1998–2002, No. 356）。*

＊　この「実践」という概念は、フーコー自身が創りだした概念ではなく、彼の師であるカンギレム（Canguilhem, Georges 1904–1995）が創ったものである。なお、フーコーは、この「実践」の複雑性が高まり、規模が拡大するにつれて、それを「テクニック」「テクノロジー」「ストラテジー」と呼びかえている。

実践と対になっている「問題」は、もともと「思考」（pensée）によって構成されたものである。フーコーのいう思考は、実践を創りだす言説と大きく重なっているが、これら二つの営みは、区別されるべきである。フーコー自身が適用しているわけではないが、『知の考古学』で用いられた〈創始的なもの（l'original）／反復的なもの（le régulier）〉という区別を用いるなら、つねにというわけではないが、思考は創始的なものであり、言説は反復的なものである（Foucault 1969a: 184–5）。思考は生成的・暫定的であり、言説は制度的・定型的である、といってもよいだろう。

そしてフーコーは、思考によって、ある事象が解決・解体されるべき問題として再構成されることを「問題化」（problématisation）と呼んでいる。問題化は、古い実践に対する懐疑であり批判であるが、同時に、新しい実践を創りだす企図であり構築である（Foucault 1984f: 389; 1994＝1998–2002, No. 342: 51–2）。これも、フーコーが明示的に論じているわけではないが、思考は、ふだんさまざまな実践（とくに有用性指向の営み）によって隠されている。ときおりなく問題解決が行われているかぎり、問題解決が行われていると理解されているかぎり、実践の「合理性」は、思考を凌駕するものである。

### †非有用的な経験

問題化の思考を喚起するものは、「経験」である。フーコーのいう「経験」も、新しい知見を五感をつうじてえることにとどまらない。フランス語の expérience に「実験」の意味があり、「前に進む」というニュアンスがふくまれているように、経験は、これまでの自分のやり方、考え方、生き方を変える何かである。フーコーは、ブランショの「限界経験」(expérience-limite) という概念を念頭においてこの言葉を使っているのだろう (Blanchot 1969: 300)。フーコーは、一九七八年に行われた長大なインタヴューのなかで、「経験とは、それをやり遂げたとき、自分自身が変化するることになる何かである」と述べている。たとえば、私が本を書くとき、「本は、私を変容させ、私が考えることを変容させる」。そうした変容の契機となるものが、経験である、と (Foucault 1994, No.281: 42)。

フーコーのいう経験は、言説に大きく規定されつつも、基本的に言説を超える何かに駆動されている。それは、ニーチェ、バタイユ、ブランショの思想に見られるように、日常的な価値規範を超える力、多くの場合、有用性の価値観を超える「衝迫 (情念)」(passion) である。フーコーは、この衝迫について、それは『生活が不可能な状態』にもっとも近づく生の地点に人を到達させるもの」であり、「そこで求められているのは、最高の強度であり、最高の非能力」であると述べている (Foucault 1994, No.281: 43)。つまり、ふつうの満足、価値、能力の彼方に、人をいざなう力である、と。

ちなみに、ブランショは、一九六九年に、バタイユの書いた『内的経験』にふれながら、経験について次のように述べている。「可能性 (possibilité＝能力) だけが、私たちの存在の唯一の次元ではない」。「経験」という、可能性を超える次元がある。「……経験は解決策 (issue) ではない。経験は人に満足をもたらさない。経験には価値もなければ、充足もない。経験とは、人間の可能性 [＝能力] のすべてを、すべての知識、沈黙、目的を、そして私たちが最後の真理を見いだす『死にうること』を、その『意味』から解放することである」と (Blanchot 1969: 307, 308)。

### †脱主体化の経験

フーコーのいう経験は、したがって人の「脱主体化」(dé-subjectivation) をうながす契機である。人は、何かをする主体、何かをいう主体、何かを考える主体であることを避けられないが、そうした主体という在りようから離脱することもできる。たとえば、ニーチェのいう「歓喜」(Fröhlich) のときに、バタイユのいう「溶解体験」のときに、そしてブランショのいう「衝迫」のときに。フーコーは「ニーチェ、バタイユ、ブランショの経験は、主体から主体自身をひきはがすという機能をもっている。主体を自分自身でなくすか、自分の無化ないし解消にむかわせるという機能をもっている。それは、脱主体化の企てである」と述べている (Foucault 1994, No. 281: 43＝1998–2002, No.281: 196)。

このような脱主体化の契機である経験は、現象学の語る経験と異なっている。現象学の語る経験は、日常的な意味を超える契機ではなく、日常的な意味を生成する契機である。「現象学の経験は、どのような対象であっても、生きられた対象に、あるいは生きられている日常性に、反省的なまなざしをむけ、それらの意味生成を把握する方法である」。「現象学は、経験によって日常的な意味をとらえようとする。私という主体が、その超越論的機能をつうじ、経験と意味のかずかずを現実にいかに創出するか、その経緯を再発見するために」(Foucault 1994: 43＝1998–2002, No.281: 196)。

フーコーにおいては、こうした対照性を示す実践と経験は、ともに言語活動のなかに位置している。いいかえるなら、言語活動は、主体的・有用的でもあれば、脱主体的・非有用的でもある。フーコーは、後者の特徴を強調しているが、以下において布衍するように、フーコーがそうすることは、前者の特徴も言語活動にとって基本的であることを暗示している。

## 3　言語の存在

### †言語の存在

フーコーは、一九六〇年代に、「言語の存在」(être du langage) という奇妙な表現を使っている。この言葉は、フーコーが親しんでいたハイデガーの「言語の存在」(Sein der Sprache) という表現を思い出させるだろう (Heidegger 2001: 166; 1997: 296)。ハイデガーは、「言葉は存在の家であり、人間の本質の住処である」とも述べている (Heidegger 1947=1992: 137)。しかし、フーコーがこの言葉について言及するのは、ハイデガーではなく、ブランショである。フーコーは、一九六六年にブランショについて論じた評論「外の思考」(pensée du dehors) において、次のようにその言葉を説明している。「言語は、一つ一つの単語においては、それらの単語に染みついた意味内容［指し示された概念・モノ］に方向づけられている。しかし、言語の存在そのものにおいては、また言語がその存在に密着しているかぎりにおいては、言語は、だれにも方向づけられていないという意味で、純粋な期待 (attente) の内部でのみ展開していく」。この言語の「純粋な期待」は「どんな人間の内面性にもふくまれていない」ものであり、いわば、言語＝存在の出来である、と (Foucault 1994, No. 38: 538 傍点は引用者)。

なるほど、私たちは、言葉を用いるとき、自分の意志、意図によって、言葉を選んでいるが、私たちが「私はこれこれと思う」といった瞬間に、その言葉のなかの『私』は、その言葉を選んだ生身の「私」ではなく、得体の知れない「私」に変わっている。言葉のなかの、文のなかの「私」は、意味世界にとらわれ、だれかが自由に解釈し勝手に利用するモノに変わってしまうのである。ドゥルーズの言葉を引くなら、「言い表すことは、主体を三人称としてのみ、そして派生的な機能としてのみ保存する、無名性［＝言語活動そのもの］の根本的な機能である」(Deleuze 1986＝1987: 28)。つまり、言葉は、〈私〉の言い表した言葉であっても、言い表された瞬間に、言い表した〈私〉から離脱していく。したがって、言語活動は「主体の意図」によってではなく、いわば「純粋な期待」によって展開する、と。

いいかえるなら、言い表わされる言葉は、主体的行為としての語用論的なコミュニケーションの帰結ではなく、だれかを経由しながら広がっていく言語活動の一部であり、語り手という文の主体の外に属している。したがって、語り手という主体は、厳密な意味でいえば、その言葉の所有者ではなくなる。語り手は、その言葉を支え、そうするなかで文法にしたがい言明し判断し、自分の意図・意志を表現する人ではなく、「言語活動がかぎりなくあふれでてくるような非存在である」(Foucault 1994, No. 38: 519)。そして、言語は、主体の意のままになるような道具ではなく、主体を経由点としながらも、その意志をすり抜け、この世界をめぐりゆくものである。「生きているのは私ではない。

キリストが私の内にあって生きている」というパウロの言葉をまねていえば、語っているのは〈私〉ではない。言語が〈私〉のうちにあって語っているのである。ちなみに、ハイデガーは「人は、言語が語っているのを聴き、言語に応答するかぎりにおいて、語っている」と述べている（久米 1992: 55 から引用）。

### †創造された自己

フーコーが言説を主題にすえた理由も、それがこうした「言語の存在」を体現していたからである。一九八四年にフーコーは次のように述べている。「言説について私が興味をいだいていることは、……言語構造ではなく、『いわれたもの』（choses dites）がある世界に私たちが住んでいるという事実である。『いわれたもの』は、『いわれたもの』として実在性（réalité）をもつ。すなわち、人びとがしばしばそう考えているような、跡形もなく消え去る風ではない。痕跡は、いかにささやかであっても、しっかりと残りつづける。私たちが生きている世界とは、言説によって織りあげられたもの（entrelacé de discours）である。すなわち、実際に話された言葉、つまり『いわれたもの』によって、次つぎに現れる肯定、疑問、問答などによって紆余曲折しながら織りあげられるものである」（Foucault 1994, No. 343: 602）。

対照的に、たとえば、『告白』において自分の真実を告白するときのルソーにとって、「言語の存在」は存在しない。告白するルソーにとって、言語は透明である。言語は、精確に事物を表象する媒体である。ルソーは、そこで c'est moi（私は……）という言葉を繰りかえしながら、自分を語りつづけている。自己という内面の真実を言葉にしつづけている。森田はルソーの告白について次のように述べている。「たくさんの c'est moi が積みかさなった、膨大なテクスト。彼はそこに、自己の内面の真実があますところなく表現されている、と私たちに保証する。……自己を語ること、自己を書くことは、自己を創造することに等しい」と（森田 2005: 158）。ルソーにおいて書かれた自己、創造された自己は、「言語の存在」のなかで四散する自己ではなく、そのままの現実の自己である。

「言語の存在」という言いまわしが暗示しているのは、いわば、自律性を求めつづける人を当惑させるような、言語活動の鬱陶しいまでの存在感である。言語活動にかかわること、言葉を記し、喋り、語り、呟き、叫ぶことは、〈私〉が主体である瞬間であるが、同時に〈私〉が脱主体化する瞬間でもある。すなわち、〈私〉が、主体の〈私〉から引き剥がされる瞬間であり、〈私〉の言表に〈私〉が踊らされたり、弄ばれたりする瞬間である。その意味で、「言葉という反‐宇宙〔本当の世界ではない世界〕が誕生することと同時に、〔その世界を創出した〕作家が生きるうえで必要とする自由のすべてが、そこに賭けられることになる」（Foucault 1994, No.43: 556＝1998-2002, No. 43: 389）。

### †エピメニデスのパラドクス

一九六六年の「外の思考」において、エピメニデスが提起したパラドクスに言及しながらフーコーが見出すものも、こうした「言語の存在」である。エピメニデスは、「クレタ人がクレタ人は嘘つきだという」という文は真か偽か、と問う。フーコーは、この文を「私は嘘をつく」(Je mens) といいかえ、この文と「私は語る」という文を対比している。一見すると、「私は嘘をつく」という文はパラドクスを生みだすようにみえるが、*「私は語る」(Je parle) という文は何の問題もふくまないようにみえる。「私は嘘をつく」という文は、「私は『私は嘘をつく』という」で、「私は嘘をつく」と言明する「私」が嘘をつく「私」と同じであるなら、意味論的に違背しているが、「私は語る」という文は、「私は語ると私はいう」(je dis que je parle) で、「私は語る」という「私」が語る「私」と同じでも、意味論的に何の問題もないからである (Foucault 1994, No. 38: 518)。

＊　ある人が「私は嘘をつく」というとき、もしその人が真実を述べているのなら、その人は嘘をつくことになるが、その人が虚偽を述べているとしても、その人は真実を述べていることになる。つまり、どちらの場合も、真実を述べているのか、嘘をついているのか、わからない。いいかえるなら、自己言及文の命題の真偽を問うことは無意味である。

しかし、フーコーにいわせるなら、「私は嘘をつく」という文のパラドクスは、形式論理学の内部でも解決可能である。というのも、「私は嘘をつく」という文は、「私は『私は嘘をつく』という」という複文の省略形であると考えるかぎり、最初の「私」と後続の「私」を区別することができるからである。こう考える場合、最初の「私」を主語とする文が、後続の「私」を主語とする文よりも、上位（優位）にあり、真実を述べているのなら、この文にパラドクスは生じない。いいかえるなら、ある人が、その人をふくむ集団について何かを言明しても、この言明の主語が、この言明を目的節とする言明の主語から区別され、別のレベルに位置しているなら、そこにパラドクスは生じない。

これに対し、「私は語る」という文は、もっと重要な意味をもっている、とフーコーはいう。まず、フーコーは、「私は語る」という文は、目的節となる何らかの言葉に言及する文でありながら、肝心のその言葉をふくんでいないといい、語る「私」の上位性は、言及される言葉が、この文の外に位置しているからこそ、成り立っているという。そしてさらに、「私」の言葉が「私」の外に言及するからこそ、「私」の言葉は「私」のものではなくなる、という。なぜなら、「私は語る」という文をとりかこんでいる「私」の外は、ものをいわないモノがころがっている世界ではなく、人の意識を吸着し誘惑する言語活動が無限に広がる開かれた空間だからであり、何かに言及することは、そうした「言語の存在」の一部を文のなかにとりいれることであり、その文の話し手である「私」を散逸させることだからである。つまるところ、「私」は、何かについて語った瞬間、それどころか、語ろうとした瞬間、「言語の存在」のなかに取り込まれ、消えさるのである（Fcucault 1994, No. 38: 519）。

しかも、この事実は、具体的な目的節があっても、なくならない。たとえば、フーコーが「私は哲学者です」と語ったとしよう。こう語った瞬間に、その「私」は、「哲学」という言葉が呼びよせるさまざまな意味形姿（figure/image）によって翻弄されるだろう。またフーコーが「私は教師です」と語ったとしよう。こう語った瞬間にも、今度は「教師」という言葉が呼びさますさまざまな意味形象によって翻弄されるだろう。つまり、いくら言葉を重ねてみても、人は、語る「私」そのものを語ることはできないのである。語りうるものは、「哲学」「教師」……といった言葉が喚起する不定型・不均質な意味形姿である。それらが何らかの形姿を構築したとしても、その形姿は「フーコー」その人ではない。もしも「哲学」「教師」といった言葉から「フーコー」その人を思う人がいれば、その人はすでに「フーコー」その人を知っている人である。

一九六九年のブランショの言葉を引用するなら、私たちは「ゴーレム」（ユダヤ教に登場する動く泥人形）から逃れられない。「私たちはみんな、自分のゴーレムをもち、これに脅かされている。ゴーレムは……私たちを可視化する偽りの偶像である。私たちが生きているときなら、何とかして、このゴーレムに対抗することができるが、死んでしまうと、もうどうしようもない。ゴーレムが永久に私たちにとってかわるのだ。……この偶像は、私たちが消え去ると同時に、私たちとして登場する。そして、私たちは、実際の私たちとは異なる存在となって、あれこれと詮索したがる大衆の問いに応えなければならなくなる。これは、避けられない現実ではないのだろうか」（Blanchot 1969: 301）。

したがって、自律性、同一性を護持しようとする主体にとって、言語活動は（潜在的に）危険な営みである。フーコーは、次のように述べている。

「言語活動が、誕生し死滅し誕生し死滅するという、回帰しつづける永劫性として析出されるなら、どのような人間も、「私は語る」という言明のうちに、自分がいずれ消滅しいずれ出現するという、［自己保存、自己同一性を求めるかぎり、］恐ろしい約束をすることになる」（Foucault 1994,

No. 38: 539)。

## †言葉、もの、意味のへだたり

ようするに、言葉、もの（者・物）、意味の、三項のあいだにある埋められないへだたりが、「言語の存在」を可能にしている。どんなに言葉を尽くしても、ものを精確に把握することはできないし、言葉の意味は、それを紡ぎだす人によって、人の置かれた情況によって、人が構成する文脈によって、変わってくる。たとえば、figure という言葉は、「形姿」を意味することもあれば、「意味」を意味することもある。image という言葉は、「心像」を意味することもあれば、「比喩」を意味することもある。また、意味は、言葉の数よりも多い。意味は、無数に発見される実在するものに付帯することもあれば、無数に増殖する空想上のものに付帯することもあるからである。

この言葉、もの、意味のへだたり（ゆるい結びつき）は、主体の自己言及を可能にするとともに不完全にしている。現在の「私」は、語られる「私」と一致していないからこそ、自分を語ることができるが、現実の「私」がどれほど「私」を語ろうとも、それは現実の「私」そのものではない。「私」が「私」に言及することは可能であるが、「私」を精確に把握することも、「私」に確実に依拠することも、不可能である。したがって、「私」は「私」の存在を確信できない。デカルトのように「われ思う。ゆえにわれ在り」とはいえない。しかし、その表象の不完全性こそが、主体の自己言及を可能にしている。「私」の意志を貫徹させようとする、いわば、「灰色の空間」が、主体の可能性を生みだす。フーコーがエピメニデスのパラドクスに寄せて語ったことは、形式論理学の真偽問題ではなく、「言語の存在」による自己言及の可能化であり不完全性である。

「私」がまずあり、世界が「私」のまわりから徐々に外に広がっていく――これが、私たちになじみの（主体論的・心理学的な）考え方である。これに対し、フーコーは、「言語の存在」という、いわば、海がまずあり、私はそのなかに生まれては消えていく波の一つである、という考え方を示した。この「言語の存在」の彼方に「本当の私」「純粋な私」がいるのではない。言語活動のなかに、いわば、モザイクの一片として「私」が存在している。言語を制御し利用している主体という在りようは、この「私」の言語活動の効果である。「ほんとうの私」も「自己同一性」も「主体性」も、この「私」の言語活動によって構築された意味の一部である。

このような言語活動の本態を了解するために必要なものが「外の思考」である。それは、「あらゆる主体性の外に位置し、その限界を示し、その終末を告げ、その散逸を照らしだし、その克服しがたい不在性のみを維持しつづける思考であり、同時にあらゆる実証性［=明証性・有用性］の入口に位置している思考である」（Foucault 1994, No. 38: 521）。いいかえるなら、それは、主体的・有用的な実践の外に立ち、そうした実践の限界を示す経験である。フーコーにとって、こうした「外の思考」すなわち脱主体的・非有用的な経験を語ろうとしている思想家が、ニーチェ、マルラメ、アルトー、バタイユ、そしてブランショであった。

## 4　外の思考と言語活動

### †反復的かつ侵犯的な言語活動

フーコーは、「言語の存在」の「外」――「沈黙」や「無」――そのものを認めているが、そうした外すらも取り込んでしまうところに、言語の本態を見ている。フーコーは、「言葉は、無定型な騒擾であり、流動である」といい、「言語は、真理〔を表現するもの〕でも、時間〔を支配するもの〕でもなく、普遍性〔を体現するもの〕でも、人間〔に支配されるもの〕でもない。それは、『外』がつねに退けられた状態にある」と述べている（Foucault 1994, No. 38: 538, 539）。

したがって、「外の思考」も、「言語の存在」の外にではなく、そのなかに見いだされる。「それ〔＝外の思考〕は、まばゆい内在性を、最終的に再発見するものであり、それを包み込むものであり、それを内省するものである。つまるところ、存在であり言語である。それは、したがって言説である。たとえ、それが、あらゆる言語活動を超える沈黙であり、あらゆる存在を超える無であるとしても」（Foucault 1994, No. 38: 521）。そして「一九世紀の後半から、この〔外の思考という〕経験は、言語活動の中心に姿を現すようになった」と、フーコーはいう。すなわち、ニーチェ、マラルメ、アルトー、バタイユ、クロソフスキー、そしてブランショの書物のなかに、と（Foucault 1994, No. 38: 522）。

一九六三年に発表されたバタイユについての評論「侵犯への序言」（Préface à la transgression）に

立ちもどるなら、「外の思考」は「言語の存在」の「限界」にいたる言語活動である。フーコーは、そこで次のように述べている。「思考の可能性［＝外の思考の可能性］を私たちが手に入れるのは、まさに思考を私たちのなじみの思考からそらし、私たちを、言語の存在が消え去るところに連れもどす言語活動においてではないだろうか。つまり、思考を、言語の存在が問われるような限界にまで連れもどす言語活動においてではないだろうか」と（Foucault 1994, No. 13: 241）。

ただし、「外の思考」は、既存の言語活動から無関係に、唐突に生じるのではなく、既存の言語活動のなかで、その分厚い堆積を突破する経験として生じる。既存の思考を制度化する思考、すなわち既存の言語活動を反復する言語活動がみなぎるなかでこそ、新しい思考を生成する思考、すなわち既存の言語活動を侵犯する言語活動が生まれる。いわば、実践のなかに経験が生まれるように。権力の装置のなかに自由のための抵抗が立ちあがるように。そして、権力の関係のなかに諸力の関係がうごめくように。

### †エロティシズムと魅惑されること

当然のことながら、「外の思考」の言語活動は、容易ではない。たとえば、バタイユの描く「エロティシズム」は「外の思考」の一つである。エロティシズムは、主体の限界、有用の限界に位置づけられ、主観が制御する行為でもなければ、問題を解決する実践でもなく、衝迫的、消尽的なものとして語られている。しかし、バタイユは、エロティシズムを把握しようとしつつも、充分に把握することができない。フーコーは次のように述べている。「バタイユの言語活動は、自分が創りだした言説の空間のなかにたえず崩れ落ちていく。それは、この言語活動を支えようと執拗に努力してきた実際の主体〔バタイユ本人〕を、恍惚の無気力のなかに、裸形のままに、置き去りにしていく。そしてそれは、まるでその主体によってうち捨てられたかのように、語りえないものの砂のうえで、しだいに衰弱していく」と（Foucault 1994, No.13: 240）。

　たとえば、ブランショの描く「魅惑されること」（attirance）も「外の思考」である。「魅惑されること」は、自分の主体性、有用性への指向が棚上げされ、何か・だれかにとらわれることである。ただし、その何か・だれかが所有している「魅力」にとらわれることではない。それは、「自分が、どうしようもなく、自分の外部〔である何か・だれか〕の外に在るものを感じとってしまうことである」。人を魅了する人は、その内面性を暗示しているのではなく、その外を暗示しているのである。しかし、「その外がその本態を露わにすることは、けっしてない」。その外は「無言の曖昧さ」であり、実際に示されるのは、「窓辺によりかかる女のしぐさ、半開きになったままの口、……遠くない未来に訪れる死に向けられたまなざし」などである、と（Foucault 1994, No. 38: 525–6）。

### †語りえないものに応える

「外の思考」に必要なものは、いわゆる「リテラシー」だけではない。どんなに多くの言葉を知っていても、その言葉が指し示す意味を知っていても、その意味に一致するモノを知っていても、それだけでは、人は、「外の思考」を営むことはできない。いいかえるなら、どんなに多くの知識を所有していても、そして「スキーマ」と呼ばれるような文脈を用意していても、それだけでは、「外の思考」を営むことはできない。多くの知識、多くの文脈は、操作、管理、能力、技能、実利に結びついているが、「外の思考」は、そうした機能的な意味の外にあるものを語る営みだからである。

「外の思考」という言語活動に必要なものは、語りえないものによりそうという態度である。語りえないものは、さきにあげたバタイユのエロティシズム、ブランショの魅惑だけではない。親の子に対する無条件の愛もそうであり、人生をともにしてきた友への友愛もそうであり、見ず知らずの他者への気遣いもそうであり、死にそうな極悪人への手当てもそうであり、死を宣告された子どもへの想いもそうである。こうした心情に専心すること、「なぜか」と問わず、理由を考えず、ただだれかに聞きとどけられることを求める叫びに対し、衝迫的に応答することが、求められている。

人はしばしば純粋な贈与、無条件の愛を疑い、その裏に自己利益の思惑を見いだす。それでも、語りえないものは、ギリシア神話に登場し、美しい歌声で船乗りを惑わし難破させるセイレーンのように、たえず〈私たち〉に呼びかけてくる。「来て」（Viens）と。それも、思わず〈私たち〉がふりかえってしまうような魅惑的な声で。オデュッセウスとちがい、その魅惑的な声に応えることが、「外の思考」の生成であり、ほとんど不可能な思考の始まりなのである。

## †外の思考と諸力の関係

既存の言語活動に満ちているものが主体的・実践的な可能性、つまり「有用（utilité）の能力」であるなら、「外の思考」にみなぎるものは、脱主体的・経験的な可能性、つまり「無為（désoeuvrement）の力」である。有用の能力は、私たちにとってなじみのものである。それは、問題解決の能力であり、社会秩序を再生産する能力である。典型的なそれは、学校の教育内容として教えられるものであり、科学的・合理的な知識技能である。これに対し、「外の思考」は、しばしば日常生活において隠されている。それは、問題化を生みだす原動力であり、社会秩序を脱構築する原動力である。典型的なそれは、革命の思考として生成するものであり、批判的・倫理的な衝迫である。

フーコーのいう「外の思考」の本態は、おそらくニーチェのいう「力への意志」（Der Wille zur Macht）なのだろう。それは、ブランショの言葉を借りていいかえるなら、「存在の力」（le pouvoir du l'être）である（Blanchot 1969: 59）。フーコーの「侵犯」についての記述を流用するなら、それは、稲妻のような閃光であり、「私」の言語活動の中心に空いている闇を照らしだす光輝である。「侵犯は、いわば、夜の稲妻である。それは、時の奥底から、自分が否定するもの［＝主体］を深い闇として存在させ、その闇を内側から徹底的に照らしだし、そうすることで、自分を鮮やかに輝かせ、また自分を極端に特殊化する。そうしたあとで、その空間に自分の名前を記しながら消え去る。その闇に一つの名前を与えたうえで、沈黙するのである」と（Foucault 1994, No. 13: 237）。

このように確認してくると、「外の思考」は、のちに語られる「諸力の関係」を構成する力であるといえるのではないだろうか。両者のあいだに異なることがあるとすれば、それは、「外の思考」においてははっきりと他者を踏まえていると明言されていないが、「諸力の関係」においてははっきりと他者との関係を踏まえていると明言されている、ということである。「諸力の関係」の特徴については、第4章であらためて確認しよう。

## 5　他者との無為の関係

### †「外の思考」としてのフィクション

さて、冒頭にかかげた問いに答えよう。本章の冒頭において、フーコーのいう「フィクション」とは、いったいどのような言説なのか、人びとを納得させながらも、真理の言説であることを拒否する言説とは、いったいどのような思考なのか、という問いを立てた。これまでの確認作業から、まず、次のように答えることができるだろう。すなわち、フーコーの言説は、バタイユ、ブランショとは異なる言説だが、「外の思考」を体現した言説であり、真理の言説が主体性・有用性を前提にした言説であるなら、フーコーの言説は、無批判に主体性・有用性を前提にしていないという意味で、真理の言説ではないし、そうであるかぎり、フーコーの言説は「フィクション」と呼ぶしかないだろう、と。

また、フーコーの書いたものが「フィクション」であるからといって、それが真理への意志をともなっていない、とはいえない。少なくともフーコーの書いたものが、その方法論もふくめて、ブランショのいう意味での「作品」であるなら、それは、近代的主体の本態であれ、規律化社会の本態であれ、十全には語りえないものに迫ろうとする途上にある試みである。いいかえるなら、それは、語りえないものを語ろうと意志するままに、そこに書き記されたものである。その批判的探究は、ブランショの言葉を借りるなら、「さまよい（erreur）と同じであり」、「方向を転換したり、ふたたび戻ったりすること」であるが（Blanchot 1969: 36）、それでも、その批判的探究は、真理への意志をともなっている。多くの文学の「作品」が、まさにフィクションでありながら、真理を語ろうとしているように。

さらに、フーコーが真理を意志する理由は、真理そのもののもつ価値のためではない。フーコーは、自分の書いたものを真理の言説にするために真理を求めているのではなく、自分をふくめ、人びとをより自由なものに向かわせるために真理を求めている。フーコーにとって「自由」が何を意味しているかについては、第6章でふれるが、フーコーが「自由」のために真理を求めてきたという事実は、フーコーへの評価をさらに高めることはあっても、貶めることにはならないだろう。そして実際に、フーコーの「フィクション」は、事実として、多くの人びとを魅了してきた。人びとを説得し、人びとの共感を呼び、人びとをより自由なものへと向かわせた。

## †他者との無為の関係

最後に確認するなら、フーコーの批判的研究は、ブランショのいう「書くこと」とほとんど同じである。ブランショにとって、「書くこと」は、主体性・有用性の軛から自由になる「限界経験」だからである。ブランショは、一九五五年に次のように述べている。「書くことは、言葉を私自身に結びつけているつながりを断ち切ることである。……またそれは、言語活動をこの世界の［有用性の］流れから引き離すこと、言語活動を一つの機能に還元するものから解き放つことである。むろん、この機能のために私が語るなら、この世界がそれ自体語りだし、労働と能力と時間によって明るい［＝生産的な］世界が創りだされるのであるが」と（Blanchot 1955: 20–21＝1976: 17）。

後段の議論のためにもう一つ確認しておくなら、ブランショは、限界経験的に「書くこと」の基本条件として、「裸形の関係性」すなわち他者との無為の関係、他者との関係のためだけに営まれる他者との関係を想定している。ブランショは、一九五九年に次のように述べている。「私たちが回復すべく努めるべきものは、……何の力ももたないような［他者との］関係性がある場所であり、すべての主人性や隷属性から無縁で、裸形の［他者との］関係性のなかで営まれる言語活動の場所である。この［無為の関係のなかの］言語活動が語りかける人間は、所有したり強制したりするためには語らないし、熟知したり領有したりするためにも語らないし、他者を支配したり自己を支配したりするためにも語らない。つまり、彼は、ほとんど人間的なところがない人間である」と（Blanchot 1959: 49＝1989: 48–9［ちなみに、この「人間的」という言葉は、フーコー的な意味で用いられている］）。

第6章で確かめるつもりだが、フーコーの批判的探究も、ブランショのいう他者との無為の関係、他者との関係性を踏まえて、行われているのではないだろうか。もしもそうであるなら、「事態を変化させることができると信じ研究している」というフーコーの「絶対的オプティミズム」の源泉も、この他者との無為の関係であったといえるかもしれない（Foucault 1994, No. 281: 93）。ともあれ、次章では、フーコー流の「外の思考」としての批判的研究の特徴を確認しよう。

# 第3章　フーコーの規律化論：ハーバーマスと批判

*Foucault on Education: Harbermas and Critique*

本章の主題は、フーコーの規律化論をつうじてフーコー的な批判的研究の特徴を確かめることである。フーコーにとって近代教育は、近代的主体性をかかげるヒューマニズムと不可分に設営された、規律化（規格化）の営みの一つである。その営みは、人を機能の網で絡めとり、機能の網の一部に変えることである。その機能的合理化の網は、基本的に主権国家によって張られた近代的統治の一環であるが、同時に諸実践の「規則性」でもある。ハーバーマスは、フーコーがこうした規律化を批判するための「根拠」となる価値規範を明示していないと批判しているが、フーコーの批判は、価値規範にもとづいて主意的・意図的になされるものではなく、他者の声、思考そのものが喚起するものである。むしろ、ハーバーマスが重視する価値規範定立の礎として求める人間形成こそ、フーコー的な批判を必要としている。多様な生成に向かうよりよい世界は、ハーバーマスの宣揚する人間形成だけでは、けっして手に入らないだろう。

## 1　近代教育への異議

### †近代教育のゆらぎ

一九世紀末期以降、西欧から世界全体に広がってきた学校教育は、およそ一九八〇年代あたりから「権力のテクノロジー」としてとらえなおされるようになった。それは、フーコーの『監視と処罰』(Foucault 1975＝1977) が生みだした効果、といってよいだろうが (Ball, ed. 1990＝1999; Marshall 1998)、その背後では、情報社会化、消費社会化、市場のグローバル化といった社会変容を背景としながら、既存の知識偏重、生産力指向、国民形成型の学校教育が時代遅れになりはじめていた。

こうした近代的な学校の遺制化にともない、学校は、かつてのように、子どもたちが生きる物語を構築したり、そこに子どもを収斂させるといった、求心力を発揮できなくなった。子どもたちは、教科書の内容や教師の言葉に、自分の生き方の模範、見習うべき人生の物語を見いだそうとしなくなった。これまで善きものと語られてきた学校教育は、しばしば、やりすごすしかないつまらないもの、あるいは自己利益を達成するためのたんなる手段、と見なされるようになった。

このように近代的な学校教育が遺制化するなかで、教育改革が繰りかえし唱えられるようになった。一九世紀以来の近代的統治論の一環としての教育論はかげをひそめ、かわりに人的資本論、市場主義に傾斜した収益率指向、能力形成論的な教育論が説かれるようになった。その中心は、コンピテンス、学力の形成であり、そうした能力形成のための教員資質の向上、授業方法の改革である。揺りもどしもあるが、能力形成論的な教育論が、およそ一九九〇年代以降、統治論的な教育論を凌駕してきた。

のちに述べるように、フーコーの教育論は、旧来の統治論的な教育論からも、新しい能力形成論的な教育論からも区別される。フーコーは、どちらの教育論に対しても批判的である。そこで前提にされているのは、国家の価値規範にもとづく主体であれ、個人の自己利益にもとづく主体であれ、一定の言説・制度をつうじて機能的に様式化される主体という存在様態だからである。フーコーは、教育システムの機能的主体化という機能について、次のように述べている。「……教育システム［の営み］とは、言葉の様式化以外の何なのだろうか。様式化された言葉を語る主体の役割の評価、その役割の固定化以外の何なのだろうか。それは、すくなくともあるドグマを浸透させる集団を編成すること以外の、権力と知をともなう言説の配分と所有以外の何なのだろうか」と（Foucault 1971: 46–7）。

＊　フーコーはまた、一九七一年に開かれたある座談会で次のように述べている。「たしかに、伝達された知というものは、つねに肯定的価値をまとって現れる。しかし、実際のそれは、抑圧と排除のルールにそって機能している。フランスの五月革命は、そうした側面のいくつかを明確に意識させた。すなわち、教育は、知を要求する権利をもたない人びとの［社会からの］排除、もしくはある限られた種類の知を求める権利しかもたない人びとの［社会からの］排除であり、また、そうした人びとへの知の秩序の強制であり、認識がもっている公正・普遍・客観という外観のもとに隠蔽されている強制である」（Foucault 1994＝1998 2002, No.98: 135）。このときのフーコーは、権力がより大きな効率化、有用化を生みだす圧力であるとは考えていなかったのかもしれない。

### †規律化の営み

権力の関係のなかで、所定の機能的役割を遂行するような主体を形成すること――簡単にいえば、フーコーは、この営みを「規律化」(discipline)と呼び、現代社会はこうした規律化の充満する「規律化社会」(société disciplinaire)であるという(Foucault 1975＝1977: 211)。フーコーにとって、子どもを「訓育」(dressage/formation)することも、知識技能を「教える」(enseignement)ことも、犯罪者を「矯正」(redressement/reformation)することも、そうした営みが彼(女)らの身体をつうじてその内面に働きかけ、彼(女)らを生産的・従順的な人間に変えることであるかぎり、規律化の営みである。

こうした規律化の営みは、近現代に固有な、民衆の秩序化(安定化・均衡化)の営みである。規律化による民衆の秩序化は、近代以前の秩序化の方法から大きく異なっている。たとえば、一七世紀まで行われていた、広場における犯罪者の斬首刑・絞首刑、異端者・魔女の火炙りなどは、スペクタクルによる民衆の秩序化である。それは、民衆を劇場空間に参入させ、王・法の威信を思い知らせることであり、それは、規律化のように、記号・視線を媒介として特定集団の身体を定型的に機能化・道具化することではない。いいかえるなら、近代以前の民衆の秩序化は、リアルなものに媒介された働きかけであり、規律化のように、ヴァーチャルなものに媒介された働きかけではない。

規律化の基本的な特徴は、人を内側から変えること、内発的臣従性をつくりだすことである。いいかえるなら、人を何らかの機能的実践を遂行する主体としながら、その人をその実践によって操作される従者とすることである。機械を操作しているつもりが、いつのまにか、機械に使われてしまっていることは、私たちがしばしば感じる感覚であるが、同じことが、規律化においても生じている。たとえば、教師の問いかけに答えながら、また、答案用紙に解答を書き込みながら、あるいは、他の子どもと成績を競いながら、子どもたちは、自分自身を従順な「児童」「生徒」に変えていく。

こうした規律化の問題を、フーコーは「権力批判」というやり方で露わにしようとしたが、そのやり方は、多くの賛同者を生みだしつつも、手厳しい批判者も生みだした。すなわち、一方で、規律化の歴史的な再検証が試みられ、しばしば肯定的に評価された（たとえば、Rose 1989, 1996; Hogan 1989, 1990; Ball 1990＝1999）。しかし他方で、ハーバーマスに見られるように、近代教育を規律化に還元することを批判する人びともあらわれた*。しかし、すくなくともハーバーマスのフーコー批判は、正当とはいいがたく、近代教育、近代的な主体化という営みがはらんでいる問題を看過しているように見える。以下、まず、フーコーのいう規律化の内容を敷衍し、次いで、ハーバーマスのフーコー批判を検討しながら、フーコーの近代教育批判の含意を再確認してみよう。

＊　ハーバーマスのフーコー批判にかんするまとまった考察として、ケリーの研究（Kelly 1994）、アシンデン／オーウェンの研究（Ashenden/Owen 1999）がある。

## 2　規格化による規律化

### †ヒューマニズム批判

これまでにも何度か述べてきたように、フーコーにとって、理性的・反省的存在としての「人間」(l'homme) という概念は、近代的な概念である。『言葉と物』において、フーコーは次のように述べている。

「古典主義時代の思考においては……自分を表象し、自分を形象や写像として認識する者は、けっして［「理性」としての］自己を現前させることはなかっただろう。つまり、一八世紀末期以前に「人間」なるものは存在しなかった。「人間」は、人間の知という造物主が、わずか二〇〇年前に自分で捏造したもの、まったく最近の被造物にすぎない。……たしかに、［古典主義時代の］一般文法も博物学も富の分析も、人間を認知する方法だったといえるだろう。……しかし、そこには、人間そのものにかんする認識論的な意識は存在しなかったのだ」(Foucault 1966＝1974: 328)。

フーコーによれば、こうした「人間」の誕生は、言語の表象機能への疑いと密接にかかわっている。

一八世紀末期から、言葉とモノ（言語と世界）の一対一の対応関係を保証してきた古典主義的な思考が衰えるとともに、言語の表象機能（ルソーが前提にしていた言語の透明性）が、疑われるようになった。言葉は、人間の恣意・欲望に汚されているのではないか、と。その結果、近代教育学の創設者であるカント、ヘルバルト（Herbart, Johann Friedrich 1776–1841）がそうであったように、正しく世界を表象したいと思う人は、自分の用いる言葉、その表象のプロセスを解明しようとした。すなわち自己反省という営みを重視し、この自己反省をつかさどる〈私〉を「自己」として定立しようとした。この自己が、基本的に衝迫（情念）を退け、明証性（実証性）を好む「理性」である。そして、この理性に指導される「人間」を崇高な理念として宣揚する言説が「ヒューマニズム」である。

フーコーは、この「人間」を標榜するヒューマニズムを、人の主体性・自律性を強調しつつも、同時に人に従属性・他律性を組み込む言説、と見なしている。いいかえるなら、ヒューマニズムは、何らかの規範を強制する者に従い、その規範を内面化することによって、理性としての自己を形成し、その自己によって自分を審判し、その自己に従順であることである。フーコーは「人びとが話すところの人間、そして人びとが解放しようとしている人間そのものが、すでにきわめて深く私たちが主体化＝従者化された結果である」といい（Foucault 1975: 34）、ヒューマニズムの基本原則は、「たとえ「他人に」権力を行使しなくても、主権者たりうる」こと、「いやそれどころか、「他人に対する」権力を放棄すればするほど、また自分に何かを強制してくる者に従順であればあるほど、いっそう主権者となる」ことである、と述べている（Foucault 1994＝1998–2002, No. 98: 137）。

したがって、フーコーにとって、ヒューマニズムも教育も、危うさをまぬがれない。近代教育において理念としてかかげられている「人間」の基礎である理性しての自己が、無条件に信頼できるものではないからである。したがって、私たちは「現代世界に教育を広めることに、幻想を抱くべきではない」とフーコーはいう。「教育の近代化において重視されていることは、あいもかわらず『ヒューマニズム』の伝統的で古めかしい基礎を維持することであり、いままで疎かにされてきたいくつかの近代的なテクノロジーの迅速かつ効果的な修得を促進することである。……そしてヒューマニズムは、隷従する主権者を次々に捏造するものである」と（Foucault 1994＝1998-2002, No.98: 137）。

### †機能的合理性としての理性

フーコーにとって、「人間」を基礎づけている理性を彩るものは、有用性・有能性を指向する合理性としての機能的合理性である。それを端的に示す出来事は、近代初期において理性が「狂気」（folie）という概念を生みだしたことである。フーコーが『狂気の歴史』で詳しく論じているように、狂気は、どこにでも・いつでもあるような人の言動・性状にかんする事実ではなく、近代初期に理性によって構築された概念である。フーコーは同書で、一九世紀に「ブルジョア国家の唯一の最高主権者として、自由な［＝理性的な］人間が、狂気の根本的な審判者になった」と述べている（Foucault 1972: 555＝1975: 467）。すなわち、近代の主権国家・資本主義の構成者となった機能性指向の人間が、理性を機能的合理性で彩り、精神医学・心理学・教育学などの「人間諸科学」を、この機能的合理性へと方向づけ、その機能的合理性に反するものを、「狂気」として意味づけていった、と。

この機能的合理性に彩られた「理性」を象徴するものが、〈正常／異常〉（normal/anormal）という近代的な二項図式である。いくらか拡張していえば、正常であることは、経済的に見て生産的であること、教育的に見て有能であること、医学的に見て健康であること、法的に見て合法であることにかさなり、異常であることは反対に、経済的に見て非生産的であること、教育的に見て無能であること、医学的に見て不健康であること、法的に見て逸脱的であることにかさなる。こうした〈正常／異常〉の区別、そしてそれに類似する区別は、もちろん、正常、生産的、有能といった前項を肯定し、異常、非生産的、無能といった後項を否定するという価値判断をふくんでいる。

こうした正常、生産、有能を重視する機能的合理性に彩られた理性が、「生体の統制管理」と呼ばれる近代的統治活動（国民全体の機能的合理化）を背景としつつ、一九世紀以降から現在にいたるまで推し進めてきた営みが、規律化であり、その中心に位置する営みが、「規格化」（normalization 正常化）である。規格化は、今述べた〈正常／異常〉といった二項図式にもとづき、基本的に有用性・有能性を測るための尺度によって編成された座標空間（「タブロー」）のなかに人びとを位置づけ、種別化し、客体化し、また有用化・有能化をめざして働きかけることである。一九世紀初期に誕生し全世界に広がっていった学校教育のさまざまな営みは、多かれ少なかれ、この規格化の諸実践をふくんでいた。そうした実践のうちの主要なものが、監視、制裁、競争、試験、の四つである。

まず、監視は、視線を集団のなかで階層的・相互的に巡回させせつづけることである。上位者が下位者を監視し、また仲間同士で監視しあうことで、いつも見られているという意識を創りだし、人を他人の視線から逃れられなくすることである。そこには、どこまでも他人の視線がついてまわる「パノプティコン」（汎視線）の空間が広がる。次に、制裁は、規範からの逸脱に対する処罰であり、他人の視線を先鋭化し、人の規範への糾合を加速するものである。そして、競争は、限られたものを得るために互いに争うことであり、人の視野を限られた有用的価値に収斂させるとともに、自分の欲望への自分の批判を困難にするものである。最後の、試験は、競争を生みだす仕掛けであると同時に、人を種別化し客体化する営みであり、わけのわからない人を、一定の規格（normalité 正常性の範疇）においてて把握可能なモノに還元する方法である（Foucault 1975: 187–196＝1977: 186–196）。

## †規則性のなしくずし的な生成

こうした規格化の実践は、「生体の統制管理」という統治活動のなかにありながらも、たんなる「規範」（regle）の実践ではない。それは、「規則性」（レギュラリテ régularité）の実践である。フーコーは、「規範」と「規則性」をはっきり区別している。規則性とは、さまざまな場所で同質的情況が生じるとき、いつのまにか人びとが同質的な言動をとること、同質的情況になしくずし的に生じる全体的な趨勢である。その基本は、多くの人がそうするからそうする、そうせざるをえないという「他動詞性」（transitivité）であり、その点においては、社会学者のリースマン（Riesman, David 1909–2002）が『孤独の群衆』で述べた「他人指向」（other-directed）と通底する概念である（Riesman

1950＝1964)。

フーコーのいう規則性は、規範がもっているような「正当性」(legitimité/normalité 正常性) をもっていない。フーコーは、『知の考古学』において、次のように述べている。

「規則性は、不規則性に対立する概念ではない。すなわち、主流の意見や主要な原典からはずれたところに位置する逸脱した言表 (たとえば、異常な、予言者ふうの、知恵遅れの、病理的な、そして天才的な言表) に対立するもの [＝正当性] ではない。規則性は、すべての言語活動 (秀逸なそれであれ、凡庸なそれであれ、固有的なそれであれ、反復的なそれであれ) の存立条件を構成するものであり、その存立条件によって、言表という機能が営まれるのであり、言語活動の存在が保たれるのである」(Foucault 1969a: 188)。

たしかに、法律・道徳・規約のような規範は、社会秩序を創るうえで必要不可欠であるが、規範に現実を一致させることは、かならずしも実際的な社会秩序を形成することではない。フーコーが注目したことは、実際に社会秩序が形成されるときに、自然に規則性が生成していくという事実である。ヴィトゲンシュタインの区別を使うなら、規範に現実を一致させることは「規則に従う行為」であり、規則性を生成させることは「規則を使う行為」である (Wittgenstein 1968; 今田 1986: 227)。*

＊ フーコーの規範と規則性の区別は、フーコーの「変革」(changement) と「変容」(transformation) の区別に対応している。フーコーにとっては、規範によってもたらされる事態が「変革」であり、新しい規則性がよみとれる事態が「変容」である。『知の考古学』の「結論」で、フーコーは次のように述べている。「私は歴史を否定しなかった。私は、［この本においてマルクス主義的な］変革という一般的で空虚なカテゴリーを棚上げし、さまざまな水準におけるさまざまな変容をあらわにしようとした。私は、［マルクス主義が前提としているような］時代区分にもとづく画一的な変化のモデルを拒否している。これは［なしくずし的な生成をもたらす］さまざまな言説的実践の結びつきを記述するためであり、そこで用いられる集積・排除・再生などの諸規則や、そのまわりに生じるさまざまな派生物、さまざまな継起物を記述するためである」と (Foucault 1969a: 261 傍点は原文のイタリック)。

### †ルソーの夢はフーコーの悪夢

これらの規格化の実践のうち、もっともフーコーが問題視していたものは、監視、パノプティコンである。フーコーは、ルソーが夢見る「ヴェルチュ (vertu) の共和国」に、このパノプティコンを見いだしている。ヴェルチュの共和国とは、人びとが共有する「単一の道徳」によって創りだされる、秘密・暗闘・暴政のない透明な共同体である。「それは、どの部分をとりあげても、よく見えて、よくわかる透明な社会」である。「そこには、暗いところがない。王権の特権、団体の特権、無秩序によって創りだされた暗部が、まったくない。人びとがそれぞれ、自分のいるところから社会全体を見渡すことができる。人びとの心がたがいに通じあい、視線を妨げるものがなく、人がそれぞれ、自分自身の意見に支配されている」(Foucault 1994, No. 195: 195＝1998–2002, No. 195: 262)。

『フーコーの衝迫（情念）』という詳細な伝記を著したミラーが述べているように、この透明な共同体というルソーの夢は、フーコーにとっては悪夢である。他者の視線に自分がつねにさらされることで自律している状態は、危うい状態だからである（Miller 1993＝1998: 329）。その状態は、人が「他者との関係を欠如させた」まま、自己との関係を、「罪の意識」（l'ordre de la faute）と「恥の意識」（l'ordre de la honte）によって構成することだからであり、自分を「独房にいるときよりも、鎖につながれているときよりも、閉塞した状態」におくことだからである（Foucault 1972: 616＝1975: 517）。

パノプティコンのなかの「他者との関係」は、人の存在を支える関係性ではない。パノプティコンの提唱者であるベンサムは、「一人ひとりの友人が監視者となる」ことを理想の状態と考えているが、そのような友人は、もはや友人ではない。しかも、友人ではない者が友人でなければならないのなら、それは、人の心を痛めつけるダブルバインド（二重拘束）である。そして、ルソーが求めたことは、まさに「一人ひとりの監視者が友人になる」ことである。フーコーは次のように述べている。「［ルソーの描いた］『エミール』をみればいい。エミールの家庭教師は監視者である。そして彼は［エミールの］友人でもなければならないのだ」と（Foucault 1994, No. 195: 195＝1998–2002, No. 195: 263）。

フーコーは明示的に論じていないが、付け加えるなら、パノプティコンの常態化は、見えないもの、語りえないものが、看過されることでもある。たとえば、「歓待」「純粋贈与」「陰徳」と呼ばれる無条件の気遣い（愛）は、人知れず行われるという意味で、見えない行為であり、合理的に説明できないという意味で、語りえない行為である。それらは、見えることによって、その本質が失われたり、疑われたりする営みである。いいかえるなら、無条件の気遣い（愛）は、啓蒙的な明証性を欠く営みであり、いささか大仰に聞こえるだろうが、神の名のように「言い表せない」。パノプティコンは、こうした語りえない気遣いの居場所をとりあげるのである。つまり、社会全体を透明化しようとするルソーの夢は、人間にとってもっとも基本的な倫理を看過する危うさを生みだす。

### †規律化が生みだす自由

こうした規律化の営みにおいては、正常性（つまるところ「能力」）の乏しい者が、発見され、訓練されるが、興味深いことに、その営みは、かならずしも強制的なものに見えない。それは、この規律化の空間全体が規律化を欲望する人間を創りだすからである。学校だけでなく、病院、工場、監獄、兵営などの閉鎖空間に収容されている者は、種別化・客体化のルールに支配され、身体的・精神的な苦痛を与えられながら、その支配、苦痛に順応し、しばしばその支配、苦痛に快楽を覚えるようになる。これは、有用性の価値が、それを体現するために受けなければならない暴力、強制を正当化するからであり、また人が、支配者の視線を内在化することで、従属者でありながら支配者の快楽を体感するからである。後者の奇矯な快楽の極端な形態が、マゾヒズムと一体のサディズムである。

余談ながら、「サディズム」という言葉の語源であるサド（Marquis de Sade 1740–1814）は、一八世紀後期に城館、独房、地下室、修道院という監禁の場を選び、加虐志向と被虐志向との共役関係、絶対的支配と絶対的隷従との共役関係を好んで描いたが、その理由は、こうした共役関係が、主体性と従属性の共役性を暗示するとともに、理性と非理性（理性に回収されない諸力の蠢き）との共役性を暗示していたからだろう。フーコーも、一八世紀後期における「サディズムの出現は、一世紀以上前から監禁され沈黙させられてきた非理性が……言説として、欲望として、ふたたび現れたことを意味している」と述べている（Foucault 1972: 453＝1975: 385）（「非理性」については第6章でとりあげる）。

ともあれ、フーコーにとっては、監視、競争などの機能的合理化の組織的実践によって生みだされ、自律性と他律性を内包した存在様態が、「人間」という近代的主体である。したがって、近代的主体の享受する自由、ヒューマニズムの語る自由は、生産的・有能的に語り行う自由であり、自分を有用化し道具化する自由である。まちがってもそれは、自分を無用化したり無能化したりする自由ではない。もしも、こうした無為への自由を求めようものなら、それは未熟、怠惰、逸脱、狂気として、教育、矯正、治療、監禁の対象となる運命にある（Foucault 1975＝1977: 222; 1976＝1986; 1988）。

## 3 権力と真理の言説

### †「権力‐知」をめぐって

こうした規律化論の重要な理論的前提の一つが、『監視と処罰』の冒頭で論じられている「権力‐知」（pouvoir-savoir）である。フーコーはそこで、権力と知（＝真理の言説）の関係について、次のように述べている。「私たちは次のことを承認しなければならない。権力がなんらかの知を生みだすことであり、……権力と知が相互に包含しあうことである。ある知の領域との相関関係が成り立っていなければ、権力の関係は存在しないし、権力の関係を想定しなかったり成り立たせようとしなければ、知は存在しない。……認識する主体、認識される客体、認識の様態は、それぞれ、『権力－知』の基本的な関係の、その歴史的変化がもたらす結果である」と（Foucault 1975: 32＝1977: 32)。

ここでフーコーは、いかに普遍性を誇ろうとも、いいかえるなら、いかにいつでも・どこでも・だれにとっても成り立つ知を誇ろうとも、真理を語る言説は、権力と不可分であると、主張している。もうすこし具体的にいえば、規律化によって編成される近代的主体が創りだす権力の関係は、近代的主体としての「人間」を設定する「人間諸科学」という真理の言説と相関関係にある、と。このように述べるフーコーは、自分の語る言説は「人間諸科学」ではない、と考えている。なるほど、第1章でふれたように、フーコーは、自分も「人間」であることから完全に逃れることはできないが、すくなくとも、完全に「人間」であることに解消されることはない、と考えている。

しかし、こうしたフーコーの主張に、いわば「真理のアポリア」と呼べるような問題を見いだすこともできるだろう。それは〈真理の言説を権力の効果であると批判する言説は、真理の言説になりえない〉という袋小路である。なぜなら、真理の言説を権力の効果であると批判するフーコーの言説も、それが真理を語っていると主張するかぎり、何らかの権力によって歪曲された言説と見なさなければならないからである。おそらくその意味で、ハーバーマスも、「フーコーの歴史記述は……相対主義から逃れることはできない。彼の研究は自己言及性にとらわれている」というのだろう（Habermas

1985a: 325＝1990: 493)。なるほど、すべての真理の言説が権力の効果であり、いかなる真理の言説も正当性をもちえないと主張するなら、そう論じるフーコーの主張も、権力の効果である、ということになるだろう。それは、自分の論理で自分の論理を否定することである。*

＊ 評論家のメルキオール（Merquior, Jose G. 1941–91）も、こうしたアポリアをフーコーに見いだしている。メルキオールは次のように述べている。「もしもフーコーの理論が真理であるなら、すべての知は、客観性を装っているにもかかわらず、疑わしいものである。その場合、そもそも［フーコー］の理論自身は、おのれが真理であるということを、どのように証明すればよいのか。……フーコーも、そのパラドクスから逃れることはできないようにみえる（できないからこそ、彼はそのパラドクスに立ち向かおうと試みることさえしなかったのだ）」(Merquior 1985＝1995: 221 訳文変更)。ちなみに、フーコーは次のように述べている。「私は、権力とは一切を説明するものだと主張したことは一度もありません。私にとって肝心なことは、経済的なものによる説明を権力による説明に置き換えることではなかったのです。……私にとって、権力は説明されるべきものなのです」(Foucault 1994＝1998–2002, No. 281: 249–250)。

### †真理の言説とフーコー自身の言説

このように、フーコーの「権力‐知」に真理のアポリアを見いだすことは、いくつかのあやまった思いこみによって成り立っている。その一つは、普遍性としての真理をフーコーが求めている、という思いこみである。それは、いいかえるなら、フーコーのいう真理の言説とフーコー自身の言説とが同じ概念的なレベルに位置している、という思い込みである。

しかし、フーコーのいう真理の言説すなわち「人間諸科学」は、フーコー自身の言説と同一ではない。フーコー自身の言説は、系譜学（歴史的存在論）である。それは、「人間諸科学」が語る普遍性を、歴史的に構築されたもの、一定の社会的情況のなかで形作られたものと、とらえなおす言説である。むろん、フーコーの系譜学が、なんらかの言説によって、系譜学自身が考えるものとは別のものとしてとらえなおされることもあるだろう。しかし、すくなくとも、そのとらえなおしを行う言説は、フーコーが歴史化した「人間諸科学」ではない。フーコーの系譜学をとらえなおすとき、「人間諸科学」は、自分の言説を大きく組みなおさなければならないからである。さもなければ、その言説は、フーコーの系譜学をほとんど理解できないからである。したがって、フーコーの真理の言説とフーコー自身の言説とは、同一のレベルに位置づけることはできない。

フーコー自身の言説が、すくなくとも「現在」においては、真理の言説ではないからこそ、第2章で述べたように、フーコーは自分の言説を「フィクション」と呼ぶのである。繰りかえしておくと「フィクション」であることは、たんなる創作、幻想であることを意味していない。それは、「現在」において真理の言説ではない言説である。それは、ハーバーマスが考えているような「反科学」などではない（Habermas 1985a＝1990: 449）。フーコーは、熱伝導のような実証科学的な現実、事実を語りえないものとして退けていない。実証科学的な現実、事実は語りうるものである。フーコーが退けているのは、現実、事実を、何らかの普遍性によって意味づけ脚色し固定する物語である。

何らかの固定的な意味世界を編成する普遍性は、よりよいものを求めていない。ユダヤ的な律法という普遍性であれ、グレコ・ローマン的な賢慮という普遍性であれ、マルクス主義の唯物史観という普遍性であれ、「人間諸科学」の人間という普遍性であれ。どのような真理の言説も、何らかの普遍性に依拠し、そこに安住するという意味で、よりよいものを出来させる真摯な営みとは一致しない。権力批判が何らかの目的（フーコーの場合、自由）を指向していることは、なるほど疑えないが、その目的への意志は、その意志をもつ者が経験する思考の歓喜、思考の勇気において、また、その者がいだく他者への共感、他者との共鳴において、真理の言説からはっきりと区別される。

### †教育における権力と支配

しかし、真理の言説は、全否定されていない。たとえば、まじめに教育を行うためには、すくなくともいくばくかの真理への意志とともに、真理の言説が必要である。教える者が真理への意志、真理の言説をもっていなければ、教育は成り立たない。そして、真理の探究としての教育は、権力の関係をともなう。フーコーも、もちろんこの事実を自覚している。真理の探究としての教育がともなう権力の関係は（たいした）問題ではない。むしろ、教育上の権力の関係は、抵抗、刷新、変化の前提でもある。問題は、真理の言説とともに生じる権力の関係が、真理への意志を喪わせ、あからさまに恣意的・因習的なものに転化すること、すなわち「支配」に転化することである。

一九八三年にあるインタヴューで、フーコーは次のように語っている。

「教育機関について考えてみましょう。……他の人よりもよく知っている人が、ある真理探究の営みにおいて、なすべきことを人に教え、学ばせ、英知を授け、技術を伝えるといった実践に、どんな悪がふくまれているのでしょうか〔何もふくまれていません〕。問題はむしろ、こうした実践においてーーそこでは、権力が働かないでいることはできませんし、それ自体、悪いことではありませんがーー子どもが教師の恣意的で無益な権威に従わせられたり、学生が権威主義的な教授の言いなりにさせられたりするような、支配（domination）の諸効果であり、こうした支配の諸効果を避けるにはどうすればよいのか、ということなのです」(Foucault 1994＝1998–2002, No. 356: 243)。

ここでフーコーが問題にしていることは、教育の場における権力の関係の生成ではなく、支配の生成である。権力の関係は、真理を語ることによってかならず生まれるが、支配は、真理を語るだけでは生まれない。なぜなら、教師が真理を語るとき、学ぶ者は語られたものを真理として受けとることもできるし、受けとらないこともできるからである。その意味で、教育は、権力の関係を生みだすと同時に、抵抗の可能性を生みだすのである。しかし、教師が強大な恣意的・因習的な上下関係をつくりだすなら、そこに支配が生まれる。支配は、権力の関係とちがい、抵抗の可能性を大きく消し去ってしまう。いいかえるなら、自由の可能性を厳しく締めだしてしまう。すなわち、学ぶ人が、教える人を批判し、自分を反省し、新しい考え方を生みだすという思考の可能性を奪ってしまう。

つまり、フーコーは、権力の関係を批判し、その支配への転化という危険性を指摘し、抵抗への可能性を開こうとしているのであり、真理の言説、権力の関係それ自体を全否定しているのではない*。人の言動は、なるほど真理の言説によって正当化され、権力の関係を生みだすが、それに抗うのは、かならずしも新しい真理の言説ではない。既存の真理の言説、権力の関係を批判するものは、かならず新規の真理の言説を樹立する、とハーバーマスは考えているが（Habermas 1985a＝1990: 497）、そうとはかぎらない。既存の真理の言説、権力の関係の批判者が多様な生成、無窮の変容を愛する者なら、その新しい知は、普遍性をかかげる真理の言説にはなりえないからである。

＊　フーコーは次のように述べている。「ハーバーマスは、権力の諸関係（relations de pouvoir）が、そこから解放されなければならないような、それ自体悪しきものではないということを、理解していない。権力の諸関係が、個人が他者のふるまいを教導し決定するためのさまざまな戦略であるかぎり、権力の諸関係のない社会はありえないと思う。そうだからこそ、課題は、［ハーバーマスが唱えるような］完全に透明なコミュニケーションというユートピアのなかに、権力の諸関係を解消しようとすることにあるのではなく、法的な規制や管理の技術、道徳やエートス、自己の実践を自分に与えることによって、権力の営みのなかで必要最小限の支配で活動することである」（Foucault 1994, No. 356: 726–7＝1998–2002, No.356: 242–3 訳文変更）。

## ４　批判と人間形成

### †批判根拠としての価値規範は？

ハーバーマスにとって、フーコーが行ったような権力批判は、なんらかの価値規範にもとづくべき営みである。しかし、ハーバーマスがみるところ、「フーコーは、ある立場をとる必要を認めていない。［彼は］権力は悪しきもの、憎むべきもの、生産的ではない死すべきものである［と考えているが］……彼にとって〈正しい側〉というものは存在しない」かのようにみえる（Habermas 1985a＝1990: 498）。しかし、それは見せかけにすぎない、とハーバーマスは考えている。なぜなら、フーコーが服従よりも闘争を選んでいるからである。ハーバーマスは、アメリカの政治学者フレーザー（Fraser, Nancy）の次の言葉を引いている。「［フーコーが］服従よりも闘いを選ぶのなぜか。権力の支配に抵抗すべきなのはなぜか。フーコーがこの疑問に答えられるとすれば、それは、ある種の価値規範概念を導入することによってである」と（Habermas 1985 a＝1990: 501）。

フーコーにとって、自分の批判を可能にしている価値規範は何か。すくなくともハーバーマスにとっては、自分の批判を可能にしている価値規範は、理性という価値規範である。それは、客観的世界ならば、科学的な理性であり、社会的世界ならば、道徳的な理性であり、主観的世界ならば、芸術的な理性である。ハーバーマスにとって「そもそもなぜわれわれは、その権力に服従せずに抵抗しなければならないのか」――その理由に妥当性（人が納得できる理由）があることが重要である。

しかし、フーコーは、そうした価値規範を明示していない。ハーバーマスは、フーコーが権力批判のための批判根拠を明示していないことに、いらだっているのだろうか。たとえば、ハーバーマスは、「一度だけ、あるインタヴューで、フーコーはこの問いから逃れられずに、あいまいながらも、ポストモダンが正義であると明かしている」が、フーコーのいう「ポストモダン」は「その正当性の規準を説明することすら拒否する」ような正義であった、と述べている（Habermas 1985a＝1990: 501, 504）。しかし、私の知るかぎり、フーコーは、自分を一度も「ポストモダニスト」と見なしていない。

### †声と思考

なるほど、ハーバーマスがいうとおり、フーコーは、権力批判を行うための「根拠」となる「価値規範」を語っていないが、権力批判の根拠を語っていないからといって、フーコーが自分の価値規範を隠しているということにはならない。フーコーにとって、権力批判は、主意的・意図的に根拠づけられて行われるものではなく、一定の条件下において、出来し喚起されるものだからである。いいかえるなら、フーコーの批判は「規則に従う行為」ではなく「規則を使う行為」だからである。

批判を喚起する条件の一つは、形象や意味をこえる「言語の存在」の現れ、なかでも視線や記号をこえる深くこまやかな「外の思考」である。それは、ハイデガーが形而上学を退けることで見いだそうとした「思考」、さかのぼるなら、おそらくパスカルが求めた「思考」（pensée）に通じている。ハイデガーは、「思考は……一つの行為でありながら、あらゆる実践を凌駕している。思考は、行動や生産を越えて、気高くそびえる」といい（Heidegger 2000＝1992: Ⅰ38）、パスカルは、「人間はひとくきの葦にすぎない。しかし、それは考える葦である」という有名な一文のあとに、「私たちの尊厳のすべては、思考することにある。私たちが立ちあがるのは、そこからである」と述べている。「本質的に偉大であるその思考が、その欠点によって卑小に見えても」と（Pascal 1993: VI, 347, 365）。

フーコーにとって、思考の気高さは、実際の死を凌駕するほどである。ここでは、フーコー自身の言葉の代わりに、フーコーと親しかったヴェーヌの言葉を引きたい。「思考の活動は、……非人格性（impersonnalité）を生きることであり、研究者としての、著述家としての自分を消すことである。それは、特徴も、性格も、表情もともなわない〈私〉を生みだすことである。思考は、永遠なものでも、不滅なものでもないが、時間から外れたもの、時間の外にあるものである。私たちは、思考の時間のなかで、著述に夢中になることで、実際の死を忘れるのだ。……フーコーは『私は、変わるでしょうし、救われるでしょう。でなければ、死ぬだけです』と書いている。そう。このニーチェ主義者にとって、死に救いなどあるはずもなかった。選択肢は、［死すなわち］無か、混沌すなわち生き続けることである。変化をやめることは、内的・外的な現実、確かな混沌から逃走することであり、それは、死んだように生きることである」（Veyne 2008: 199）。

批判を喚起するもう一つの条件は、現在において、権力の関係のなかに生じる抵抗の声、自由を求める人びとの声である。その声は、真実の、重大な声であるが、何らかの価値規範をいただく道徳の言説ではなく、なんらかの普遍性をいただく真理の言説でもない。この「声」の含意については、第5章、第6章であらためてとりあげるが、さしあたり、端的に述べるなら、その声は、変化をのぞむ力を集わせる共鳴的なコミュニカシオンである。それは、フーコーが、カントの言葉を引きながら、フランス革命に見いだしているもの、すなわち民衆の「熱狂（enthousiasme）へといたるような熱望の共感（sympathie d'aspiration）」である（Foucault 1994, No. 351: 685）。フーコーにとって、人間にとってもっとも重要なものは、他者に共鳴しともに闘う力である。そうだからこそ、フーコーは、ハーバーマスの神経を逆なでするかのように、「人は勝つために闘うのであって、それが［規範にてらして］正当だから闘うのではない」と述べるのである（Foucault 1994＝1998-2002, No.132: 43）。

いいかえるなら、フーコーにとって、子どもの思考を摩滅させ、子どもを機能的主体に変換しようとする規律化を本態とする近代教育は、子どもたち一人ひとりのかけがえのなさに配慮しないこと、そのかけがえのない生によりそわないことにひとしい。なぜなら、子どもの、人のかけがえのなさは、みずから思考しつづけ、生きつづけ、変わりゆくこと、また他者の声に応え、他者とかかわることと一体だからである。子ども一人ひとりの命のかけがえのなさを看過することは、デリダのいう「不可能性」としての「正義」（justice）をめざさないということである。いいかえるなら、規律化は、学ぶ人を「完全な他者」（tout autre）として、客体化できないものとして尊重し、その「固有性」（singularité かけがえのなさ）に敬意を払う営みではない（Derrida 1994: 44; Biesta 1998b）。

### †人間形成の看過

しかし、ハーバーマスは、フーコーにおける思考・声と価値規範の区別を看過している。そして、フーコーが権力批判の根拠となる価値規範をもちながら、それを提示できないのは、フーコーが歴史・社会を権力一色で塗りつぶし、批判の根拠となる個人の価値を無視しているからである、と考えている。「系譜学者は、［歴史の］浮き沈みを、無数の出来とただ一つの仮説によって説明する。その仮説とは、存続するものは権力だけであるという仮説、権力が、匿名の征服過程の変転のなかで、つねに新たな仮面を付けて浮上するという仮説である」（Habermas 1985a＝1990: 448 訳文変更）。

ここから、ハーバーマスの近代教育擁護論から展開される。ハーバーマスは、フーコーのように、「権力形成モデルしか認めないのなら、成長の途上にある者の社会化でさえも、狡猾な手口による闘争の過程というイメージで表されてしまう」という。子どもの「社会化」は、同時に「人間形成」（Bildung）としての「個人化」をともなっているが、フーコーは、この「個人化」のもつ重要な意義を看過している、と（Habermas 1985a＝1990: 506）。ハーバーマスにとって、人間形成は「近代的思考」そのものであり、現代においても堅持されるべき思考である（Habermas 1985a＝1990: 544）。

確認しておくなら、ハーバーマスのいう人間形成は、一八世紀末期から一九世紀初期にかけて、ルソーの用いた人間の「完成可能性」（perfectibilite）概念を基礎に、フンボルト（Humboldt, Wilhwlm von 1767–1835）やヘルダー（Herder, Johann G. 1744–1803）などによって定礎されたドイツ近代教育学の中心的概念である。それは、「個人」（Individuum）が、世界と「かかわりあい」

(Auseinandersetzung) つつ、自分の人生を決定するという、不断の自己更新、自己啓蒙の営みであり、その前提は、人間の生を決定するものは、キリスト教神学が語ってきた「人間の自然本性」でもなければ、絶対君主の命令でもなく、人間個人の意志であるという考え方である。したがって、人間形成においては、「人類の一体性」(フンボルト) という究極目的をのぞくなら、人間発達の方向も、段階も、あらかじめ定められていない。人間形成は、国家の役割すら限定するような、批判的で解放的な営みである。

ハーバーマスは、こうした「人間形成」が、一九世紀以降、「伝統が反省的なものにかわり、規範が抽象的なものにかわるとともに、……さまざまな社会階層に浸透していった」と考えている。しかし、フーコーは、それを「外からの刺激によって生みだされ、恣意的に操作可能な表象内容によって内的世界が満たされていく」過程に還元してしまっている。フーコーにおいては「道徳的・実践的な学習過程は、権力形成過程を強化するものでしかない」(Habermas 1985a＝1990: 506, 508)。ハーバーマスにとって、このようなとらえ方は大きな誤りである。フーコーは、「内的な自然本性」(＝「人間の自然本性」) が規律化によって捏造されていくと考えているが、「内的な自然本性」は、人間形成によって「自由と自己表現の可能性にいたる道を切りひらく」と、ハーバーマスは考えている (Habermas 1985a＝1990: 512)。ようするに、ハーバーマスは、すべてを権力に還元し近代批判をするフーコーが、産湯と一緒に赤子を流し捨てるような愚行を犯しているのだ、という。

## †批判——危機を感じとるために

このように論じるハーバーマスは、性急にも、フーコーが近代的主体性（自律性）を全否定していると考えているが、フーコーが論じていることは、近代的主体という存在様態の危険性である。それは、ハーバーマスのいう「個人化」においてであれ、「社会化」においてであれ、機能的な役割技能を身につけるという有用化・有能化が強調され、倫理的・心情的な人間形成が蔑ろにされること、主体の核である理性としての自己が、機能的合理性に大きく傾くことである。近代的主体の危うさは、その概念の内容ではなく、その文脈の構成に由来するからである。

近代的な意味で主体的であることは、機能的に分化しつづける近現代社会を生きるうえで、欠かせない存在様態である。第一に、絶対的な神に支えられた価値規範を喪った人は、過去の自分をふまえつつも、つねに自分で判断しつつ行為しつづけなければならないからである。第二に、多くの機能システムに依存しながら生きなければならない人は、自分の置かれている情況に応じて、適用するべき価値規準を変えなければならないからである。利潤を優先するか、友情を優先するか、と一概に決められない情況に直面するとき、結局のところ、人は、自分で判断し行動するしかない。

しかし、主体的であることが不可欠であるからこそ、人は、主体に忍びよる危機に敏感でなければならない。主体の存立条件を精査し、それを内部から浸食したり歪曲するものがないか、たえず確認することが必要である。大切であるとただ語るだけでは、大切なものを守ることはできない。問題は、近代的主体という存在様態が、機能的分化を本態とする近現代社会のなかに位置づけられていること、そして、そのなかで生みだされる規則性にとりこまれてしまうことである。

フーコーが行った規律化批判は、近現代社会に蔓延する規則性が張りめぐらすものに抵抗し、応答の自由、思考の自由を確保することである。ハーバーマスの宣揚する「個人化」だけでは、この規則性に抵抗し、応答の自由、思考の自由を確保することは、けっしてできない。「人間形成」としての「個人化」の営みが、規律化からの自由を指向する思考を喚起するという保証は、どこにもない。今、私たちがどのような社会に生きているのか、私たちをふくむこの社会はどのような社会なのか、と問い、そのなかの規則性をとらえるときにはじめて、この社会をよりよく生きることが可能になり、規律化を超える自由が生まれる。その意味で、系譜学（歴史的存在論）による批判は、この社会のなかで、私たちがよりよく生きるための方途の一つである。系譜学（歴史的存在論）の批判は、私たちの日々の生き方を、不断によりよいものへといざなうための知である。それも、何らかの価値規範にただよりかかることをせずに、私たちをいざなうための知である。

## 5 関係性と外への喚起

### †応答

ようするに、フーコー的な批判を行ううえで、対抗的な価値規範はかならずしも必要ではない。その批判は、第2章で述べた「外の思考」につながる思考と、第4章で述べる「諸力の関係」と不可分の声とともに生じるからであり、批判対象である規則性を明らかにすることで、その目的を達成するからである。すなわち、普遍的なもの、逆らえないものに見えていたものが、張りぼてに見えるようになり、何もないと思っていたところに、多様な力が生成し、変容の可能性が生じるからである。

こうした多様な生成、変容の可能性は、伝達としての教育、知識技能を「教える」という意味での教育には、そぐわない。一九七八年に、フーコーはあるインタヴューで、次のように述べている。「私は、『教える』(enseignement) という言葉を拒否する。一般化可能な方法論を用いたり、一つの理論の妥当性を立証する体系的な書物なら、教えることをふくんでいるだろう。しかし、私の書いたものは、そうした価値をもっていない。私の書いたものは、むしろ何かへの招待であり、公共の場で行われるパフォーマンスである」と (Foucault 1994 = 1998–2002, No. 281: 201)。「教える」ことができない「何か」とは、現状の息苦しさを突破するような多様な生成、変容の可能性である。

多様な生成、変容の可能性を喚起することに専心するあまり、自分の立場すら忘れてしまうこと――それが、フーコーが知識人として担おうとした役割である。「私は、明証性や普遍性を破壊する知識人を夢見ている。それは、現在の無気力と束縛のなかにありながら、力の方向、亀裂が走りそうなポイントを確認し指摘する者、たえず自分の位置をずらし、今日のことに没入するあまり、明日、自分がどこにいるのか、何を考えるのか、精確に知らない者である」(Foucault 1994, No.200: 268–9)。フーコーが望んだことは、「現在」私たちが直面している問題を問題として把握する知をもち、何らかの価値規範、過去の自分に深くとらわれることなく生きることである。いいかえるなら、自分の人生をもっぱら現在に、つまるところ他者に応答するために使う人生である。

### †関係性と外への喚起

フーコー自身が述べているわけではないが、現在への応答とりわけ他者への応答は、伝統的な人間形成概念にもそぐわない。二〇〇三年に、たとえば、オランダの高名な教育学者のマッシェラインは、リッケンとともに著した論文で、フーコーに賛成しつつ、人間形成概念を「廃棄」するべきだ、と主張している。「私たちは、人間形成という概念を廃棄しなければならない。新しい共存在（*being-together*）の問題にとり組み、実践的で理論的な問題解決の方途を創出するために。共存在の問題は、過去三世紀にわたり、［西欧の］政治・教育の言説において自律性と契約と合意が強調されるなかで、隠蔽されつづけてきた問題である」と（Masschelein/Ricken 2003: 139 傍点は原文のイタリック）。

このように論じるマッシェラインにとって、現代教育学がとり組むべき問題は、「社会性（sociality）の永続的な（再）構築」である。これは、近代教育学が荷担してきた「個人化の統治」（＝近代的統治の営みとしての機能的主体化）ではなく、「個人性」（＝自律性）の存立条件としての他者との関係を吟味することである。すなわち「私たちの主体性が他者への言及によってのみ成り立っていること」を再確認することである。それは、いいかえるなら、「私たちの主体性がつねに自己からの離脱、差異性、依存と責務の関係への包摂をふくんでいること」を承認し、それにふさわしい教育を構想し実践することである（Masschelein/Ricken 2003: 139, 150, 151）。この社会性、共存在の問題については、他者との関係性の問題として、第6章であらためてとりあげたい。

そして、これに加えて、マッシェラインが「社会性の永続的な再構築」の礎と位置づけているものが、「外への喚起」（e-ducere）である。これは、フーコーが『主体の解釈学』で言及した概念に由来するもので、「個人を、当人が位置づけられている状態、地位、生き方、在り方から離脱させること」であり、「主体自身の存在様態に対する意図的な働きかけである」。それは、有用な知識技能を伝授し、人を外から操作的に変える営み、すなわちeducare（教え込み）ではなく、既存の言説を脱構築し、人の自己変容をうながす営み、すなわちeducere（外への導き）である。現代のフランス語でいえば、éducation（教育）ではなく、éduction（外への喚起）である（Foucault 2001a: 129–130; Masschelein 2006: 563）。このエデュクシオンは、前章で述べた「外の思考」と大きく重なる概念である。

こうしたマッシェラインの議論が暗示していることは、フーコーが明示的な語らなかったフーコー自身の教育論が、他者との関係性、外への喚起（外の思考）を重視していることであり、外への喚起（外の思考）が、他者の声を響かせ他者に応答する関係性に支えられていることである。

# 第4章　フーコーの装置論：ニーチェと力

*Foucault on Power: Nietzsche and Seif as Force*

第4章の主題は、フーコーの装置論の前提である力の概念である。フーコーのいう装置は、エピステーメという言説的な装置、権力テクノロジーという実践的な装置に分けられるが、どちらも、既存の歴史的な意味連関、制度編成を再生産し、人びとが織りなす「諸力の関係」を「権力の関係」へと変換するものである。諸力の関係は、権威・伝統・規範に対し、革命・反乱・逸脱として現れる。権力の関係は、それらをふたたび権威・伝統・規範へと変質させていく。ほとんど注目されていないことであるが、諸力の関係を構成する力は、ニーチェが論じた「力としての自己」と大きく重なり、他者への応答性を本態としている。それは、フーコーのいう「倫理」の台座を暗示している。一九六〇年代に使われた「外の思考」は、この「諸力の関係」のなかの思考の一形態であるといえるだろう。

## 1　抵抗への道

### †フーコーとは誰か

プロローグでふれたように、一九八四年六月、フーコーは五八歳で急逝した。その死は、フーコーが特異な「知識人」として切り開こうとした道を、フーコー自身が明示的に語る時間を奪いとってしまったように見える。フーコーが切り開こうとした道は、「規則性」が生みだす支配への抵抗、「形而上学的ニヒリズム」*への批判をつうじ、社会をより快適な場所にする道だったが、フーコーがどのように支配への抵抗を実践しようとしていたのか、どのようにして形而上学的ニヒリズムから離脱しようとしたのか、はっきりとはわからなくなったからである。

＊　形而上学的ニヒリズムとは、この社会・世界の外部にあるテロス（絶対的なものとしての完全性）にくらべるなら、この社会・世界にあるすべては無意味であるが、この社会・世界の内部はこの社会・世界の外部につながっているから、人びとはテロスを求めて日々邁進し、自分を発達させ社会を発展させることができる、というキリスト教的言説に見られる考え方である。そこでは、この社会・世界の内部と外部を媒介するメディアはイエスであり、教会であり、理性である。たとえば、丹生谷（1996: 140–153）を参照。

そのうちに、フーコーは社会を分析してきたが、社会を変革する意思をもっていなかった、と考える人まで現れた。プロローグでふれたように、一九九五年に、ローティは、フーコーとデリダを比較して、デリダは、「過去のものにも永遠なるものにも依拠することなく創られる人間の未来を予言する、ロマンティックな想像力あふれる社会改良者であるといえるが、「フーコーは、そのような想像力あふれる社会改良者であると見なすことができない」と述べている（Rorty 1998＝2000: 151）。

しかし、フーコーは、一九六〇年代から八〇年代にかけて、一貫して支配への抵抗を暗示しつづけ、形而上学的ニヒリズムから離脱する方法を模索してきた。フーコーの抵抗、変革への意思を端的に物語る言葉は、バタイユ、ブランショの用語に傾いていた一九六〇年代についていえば「外の思考」であり、ニーチェ、ハイデガーの用語に傾いていた一九七〇年代後半についていえば「諸力の関係」である。「外の思考」は、それなりの注目を集めたが、「諸力の関係」のほうは、「権力の関係」と混同されたせいか、見過ごされてきたのではないだろうか。この二つの概念は、のちに述べるように、近接しているが、まったく同じではない。

「諸力の関係」は、フーコーの変革への意思を素描するうえで看過できない重要な概念である。また、その概念がふくみもつ存在論的な思考が、フーコーが切り開こうとした道のわかりにくさを暗示している。ローティのいう「想像力あふれる思考」にふけらず、社会秩序・自己形象の存立機制を根底からあばくことで人びとを変容へと誘うこと――一言でいうなら、思想史的な批判の喚起がフーコーの切り開こうとした道である。その道は、形而上学的ニヒリズムを避けようとすれば、どうしても行きついてしまう道だったのかもしれない。

フーコーの切り開いたこうした道は、現代の教育批判の隘路を突き抜けるうえで、充分に示唆的である。アルチュセールのイデオロギー装置論、イリイチの学校化論、そしてフーコー自身の規律化論に由来する現代の教育批判が示してきたことは、管理主義的であれ、民主主義的であれ、「善きものとしての教育」がはらんでいる抑圧性（危うさ）である。それは、形而上学的ニヒリズムがもっている抑圧性と同質の抑圧性である。しかし、現代の教育批判は、その根拠を問われると、言葉に窮するしかなかった。「人間性」「道徳性」「幸福」などを根拠にかかげてみたところで、それは、たちまちのうちに「善きものしての教育」と同じ抑圧性をにじませてしまうからである。これから論じるように、「外の思考」「諸力の関係」といった概念に込められているフーコーの「力」の思想は、規律化論のフーコー、そして現代の教育批判の隘路を突き抜ける道を切り開いている。

ともあれ、まず「諸力の関係」という概念につながる概念を一九六〇年代後半のフーコーの議論からひろい出してみたい。それは「表象」に敵対する概念――「解釈」である。

## 2　解釈をめぐる闘争

### †記号学と解釈学

フーコーは、一九六七年に「ニーチェ、フロイト、マルクス」と題した評論を発表し、その結論部分で、「解釈学と記号学とは不倶戴天の敵同士である」と述べている（Foucault 1994＝1998-2002, No.46: 415）。この言葉は、制度化され反復される言語活動の内部にとどまる「記号学」と、その種の言語活動の外に開かれた「解釈学」――「外の思考」――との、敵対関係を意味していた。

一方の「記号学」は、バルト（Barthes, Roland 1915-1980）が提唱した「記号学」ではなく、語り書くことを「真実」を複写する「表象」とみなし、言葉を「ロゴス」（絶対的なもの・不動のもの）とみなす言説である。この言説のなかで生まれるものは、何らかの超越性・普遍性を帯びている。他方の「解釈学」も、ディルタイ（Dilthey, Wilhelm 1833-1911）が提唱した「解釈学」ではなく、語り書くことを別の「真実」を創出する「解釈」と見なし、言葉をたえず自己変容する「レトリック」（流動的なもの・変成的なもの）と見なす言説である。そこで生まれるものは、何らかの局在的・歴史的な規範だけである。*

＊ このような記号学的（ロゴス的）な言語活動と解釈学的（レトリック的）な言語活動という対立的な言語観は、ニーチェの言語観に近い。ニーチェの言語観についてはベラー（Behler 1991, 1996）を参照されたい。

フーコーが好んだのは、記号学的な表象ではなく、解釈学的な解釈である。それは、たえず自己言及し、自分の立っている意味世界の「台座」（socle）を掘りかえすことであり、とどまるところなく偶像（「真実」を名のるもの）を破壊しつづけることである。それが、フロイトの精神分析学であり、マルクスの経済学批判であり、ニーチェの系譜学である。「フロイト、ニーチェ、マルクスがつねに自分自身について反省し解釈するという責務を私たちに教えてくれたからこそ、私たちのまわりには、あの鏡［すなわち無限に解釈を解釈しつづける合わせ鏡］が……しつらえられたのだろう」と、フーコーは考えていた（Foucault 1994＝1998–2002, No.46: 406)。

フーコーにとって、解釈はつねに〈途上にあるもの〉であった。フーコーがニーチェを引きあいに出しながら述べているように、解釈は、けっして「真実」、たとえば、カントのいう「物自体」、ヘーゲルのいう「超越性」、フッサールのいう「根源性」などに到達できないからである。解釈は、隠されている「真実」を明示したり暗示したりするものではなく、すでに何らかの解釈の解釈である。「すでに解釈であるものではなく、はじめて解釈されるものは何一つとしてない。したがって、解釈において確立されるものは、分析とまったく同じくらい暴力的関係である」（Foucault 1994＝1998–2002, No.46: 411)。新しい解釈は、古い解釈を押しのけ、捨てさろうとするからである。

したがって、解釈は、終わりなき営みである。解釈は、人間に無限に解釈するという義務を課していく営み、無窮の再解釈という義務を課していく営みである（Foucault 1994＝1998–2002, No.46: 414)。この義務は、人間の認識能力の「有限性」が人間の認識行為の無窮性を生みだすという、カントの啓蒙概念（人間概念）につうじる義務である。全能の神に比べるなら、そして、全能の神が与えた「人間の自然本性」なるものを前提にして考えるなら、たしかに人間の示しうる認識能力は限られている。なるほど、人間はわけのわからないものに苦しめられたり、間違いをおかしたりする。しかし、わからないことがあり、間違えるからこそ、人間はかぎりなく認識しつづけることができる。こうしたカントの人間有限性論は、屁理屈といえば屁理屈であるが、人に希望を与える可謬主義であり、一八世紀に広まり、近代教育学を基礎づけたヘレニズム的な完全性概念を継承するものである。

### †解釈する自己

解釈はまた、絶対的な支えを失っている不安な営みである。なるほど、ある人の解釈に多くの人びとが賛成するなら、その解釈は、それなりの妥当性をもつことができる。たとえば、「私は哲学者である」という解釈も、「世界は一つである」という解釈も、多くの人びとが賛成するなら、妥当な解釈と見なされる。ただし、「多くの人びと」は、何人以上と決まっているわけではないし、何らかの集団・組織・社会・国家などの構成員であり、流動的であり変移的でもある。

したがって、何らかの集団・組織・社会・国家などが解釈の妥当性を決定するという事態は、さまざまな解釈の闘争という状態を生みだしていく。全世界をおおうようなただ一つの均質普遍の集団など存在しないからである。いいかえれば、解釈はどこまでも多様化していくという運命にある。多文化主義のように、多くの集団がそれぞれに自分たちの信じる解釈を妥当なものとして宣揚するという状態は、私たちの言語行為が表象ではなく解釈であるかぎり、ごく普通の状態である。

このように、解釈の闘争状態にあるかぎり、言説は正当化される目的となるだけでなく、その手段にもなるだろう。フーコーは『言説の秩序』のなかで次のように述べている。

「言説は――精神分析学が明らかにしたように――たんに欲望を表現したり（隠蔽したり）する

ものではなく、それ自身もまた欲望の対象である。すなわち、言説は――歴史学がたえず教えてくれるように――たんに闘争や支配システムを表現するものではなく、人びとが闘争する目的であり、手段であり、人びとが獲得しようとつとめる力である」(Foucault 1971: 12)。

つまり、どんな言葉も、言説のなかでは、中立的なメディアではなくなる。言葉が「意味表現」〈シニフィアン signifian/signifier〈意味するもの〉〉でもあれば、「意味対象」〈シニフィエ signifié/signified〈意味されるもの〉〉でもあるのは、私たちが解釈の闘争状態を生きているからである。それは、私たちが一方で言葉を自分の意思で使っていながら、他方で言葉に囚われつづけ言葉に踊らされていくことを暗示している(これは前章で述べた「言語の存在」の現れである)。

フーコーは、解釈の闘争状態を肯定していた。そこには、「真実」「真理」というテロスが生みだす差異、変移の抹殺というテロルが生まれないからである。「解釈の命は、私たちが、存在するものはただいくつもの解釈だけである、と信じていることである」(Foucault 1994＝1998-2002, No.46: 414)。私たちが解釈の闘争状態をいやがり、何らかの真実にすがりついてしまえば、解釈は死んでしまう、とフーコーはいう。フーコーが恐れたのは、闘争が喪われ、差異、変移が消え去ることである。

このような解釈の闘争状態は、後述するように、一九七〇年代後半にフーコーが語りはじめた「諸力の関係」のプロトタイプである。しかし、この「諸力の関係」の含意を論じるためには、もうすこし遠まわりをしなければならない。というのも、フーコーが、解釈の闘争状態をもっともらしく終息させようとする「装置」（dispositif 何らかの目的を達成するために配置された諸実践・諸機構の編成）が「諸力の関係」と密接につながっている、と考えていたからである。*

＊ dispositif というフランス語は、ほとんど英語にならない言葉であり、英語で表記する場合、この言葉には、実験器具、体操用具、洗車施設というときの器具・用具・施設を意味する apparatus があてられている。フランス語にも appareil という、ラテン語の apparatus に由来する言葉があるが、なぜフーコーがこの言葉を使わなかったのかはわからない。ひょっとすると、アルチュセールの有名な「国家のイデオロギー装置」の「装置」は appareil である。ちなみに、ラテン語の dispositio の来歴を考えていたのかも知れない。フランス語の dispositif は、①判決文のなかの決定・命令、②機械のメカニズム全体、③戦略的に用いられる諸手段を意味するが、遡るなら、ラテン語の dispositio に由来する言葉で、この言葉は、教父のあいだでは世界・人間に救済をもたらす統治を意味する言葉として用いられていた。それは、ギリシア語で「オイコノミア」と呼ばれたものである。Agamben（2006＝2006: 87–88）を参照。

フーコーのいう「装置」は二つに分けられる。一つは「エピステーメ」という言説的な装置であり、もう一つは「権力テクノロジー」という実践的な装置（制度的な装置）である。

## 3　エピステーメ：言説的な装置

### †実定性を創る言説

人びとが言葉を使い、また言葉に使われ、何かを行い、何かをさせられているという場面において、人びとが主体となり、また脱主体化されるなかで、人びとを大きく規定しているものがある。その一つが「言説」(discours) である。言説は、ごく簡単にいえば、人びとの言語活動の多くを制限し禁止し定型化するさまざまな規則の総体・編成である (Foucault 1969a=1995)。

フーコーは、社会には政治・経済・医療・教育・芸術といった諸領域があり、それぞれの領域にはその領域についての知を枠づける「言説規則」がある、と考えていた。たとえば、教育という領域においては、「教育的クリシェ」(cliché 常套句) とでもいうべき規則があり、それが教育学 (教育論) という言説を枠づけている、と。それは、たとえば、教育の領域でたびたびいわれる「子どもの人格を形成する」「子どもの可能性を信じる」「子どもの心を理解する」『子どもとともに成長する」といった決まり文句であり、こうした教育の決まり文句に反する行為は、教育の領域では、禁止され排除されていく。そこに〈教育的なもの／非教育的なもの〉という区別が創られ、この区別にもとづいて、教育的な言葉・思考で充満した、学校、大学といった具体的な教育システムが形成されていく。

何らかの言説が禁止・排除の規則によって形成する具体的な実践の世界。その世界になじんだ人にとっては、その言説があらわす意味世界が、現実と大きく重なっている。しかし、その実践の意味世界になじんでいない人にとっては、その言説があらわす現実は、とても現実とは思えない。たとえば、人格形成を説く教育学的な教育の現実は、人的資本を説く経済学的な教育の現実ではない。フーコーが『知の考古学』において「実定性」(positivité*) と呼んだものは、フーコー自身は定義していないが、このように何らかの言説 (の規則) にフォーマットされた言動・制度のつくりだす現実である。

＊　「実定性」（positivité）という言葉は、フーコーの師イポリットの『ヘーゲル歴史哲学序説』でも使われている。イポリットにとって、「実定性」はヘーゲルのキーワードの一つである。ヘーゲルは、一七九五年から九六年にかけて書いた「キリスト教の実定性」という論文でこの言葉を用いている。Agamben（2006＝2006）を参照。アガンベンは、イポリット＝ヘーゲルのいう「実定性」とは「外的な権力欲によって個人に課される規則・儀礼・制度といったもののすべて」であり「信仰や感情のなかに内面化されている」ものと述べている（Agamben 2006＝2006: 86）。

### †言表の多様態

フーコーは、言説の最小単位を「言表」（énoncé）と呼んでいる。言表とは、言うこと、書くことといった言葉を用いる実際の「営み」（jeu）である。したがって、言表は、文法に従う「文」、論理に従う「命題」をふくむことがあっても、これらのいずれにも還元されない（Foucault 1969a: 107–12＝1972: 80–4）。言表は、純粋な言語学的・論理学的カテゴリーに属するものではなく、具体的で応答的な――「アクチュアル」な（第5章参照）――できごとだからである（Foucault 1971: 148）。フーコーのいう「言表」は、サール（Searle, John）のいう「発話行為」に近いといえるだろう。＊

＊　厳密にいえば、énoncé はもともと「神の発する言葉」を意味し、「人間の発話行為」である énonciation（speach act）から区別されてきたが、フーコーはこの言葉を「発話行為」に近い意味で用いている。当初、フーコーは言表と発話行為とを区別していたが、一九七九年に、発話行為論を展開していたサールに対して「言表は発話行為ではないと述べたことは間違いだった」と述べている（Dreyfus＝Rabinow

1983＝1996: 122)。

アクチュアルな事象としての言表は、先にふれた解釈と同じように、「多様態」(multiplicité)である。言表には、言葉を使う人それぞれの置かれた情況・境遇が鮮やかに、あるいは密やかに反映されるからであり、また言葉を使う人びと全員を同一の情況・境遇に置き、同一の言表をさせることができないからである。言表は、そのときどきに、固有の言表の対象を創りだし、表面上、似ていても、厳密にいうなら、唯一特異な情況(アクチュアリテ)を暗示していく(Deleuze 1986＝1987: 34)。

フーコーは、『知の考古学』のなかで、次のように述べている。

「言表は［文・命題といった］諸要素の一つというよりも……むしろこれらに対し、垂直的に作用する営みであり、系を成している諸記号について、その系が存在するか否かをいわせるような機能である。……言表の機能は、分析や直観をつうじて……諸記号が〈意味をなす〉かどうかを、決定することである」(Foucault 1969a: 115＝1972: 86–7)。

つまり、フーコーのいう言表は、敵対する二つの側面をもっている。一つは、定式化された文・命題を再生産することであり、言説によって馴致されて、おとなしく言説を構成するという側面である。もう一つは、アクチュアルな発言・発話であり、言説によって馴致されるまえの、だれかの求めに応え、衝迫に突き動かされるという側面である。

### †エピステーメ

言語を用いる場面において、言説とともに、人びとを規定しているものが「エピステーメ」(épistémè) である。エピステーメは、同じ領域ないし近い領域のなかの言説が寄り集まって生みだす、一ランク上のレベルにある規則の総体・編成である (Foucault 1994＝1998–2002, No. 206: 413)。

エピステーメは、普遍的で遍在的なものではなく、歴史的で局在的なものである。フーコーが『言葉と物』で示しているように、一六世紀から一九世紀にいたる西欧における人文・社会にかんする学説の場合、エピステーメは大きく三つにわけられる。ルネサンス時代のエピステーメ、古典主義時代のエピステーメ、そして近代のエピステーメである。古典主義的なエピステーメの特徴と近代的なエピステーメの特徴を、いささか強引に要約するなら、次のようになるだろう。

まず、古典主義時代のエピステーメにおいては、言葉は、第一に人間の意思にかかわらず、物を忠実に写しとる記号である。言葉は、第二に物と一対一の対応関係にあり、言葉は物を表象する。言葉も物もともに位階的秩序——世界の「タブロー」(宇宙論的な「完全性の階梯」)——を構成している。人間の思考は、それぞれの領域において、おもにキリスト教的な「完全性」という超越性・普遍性(形而上的なもの) をめざす受動的・複写的な営みである。

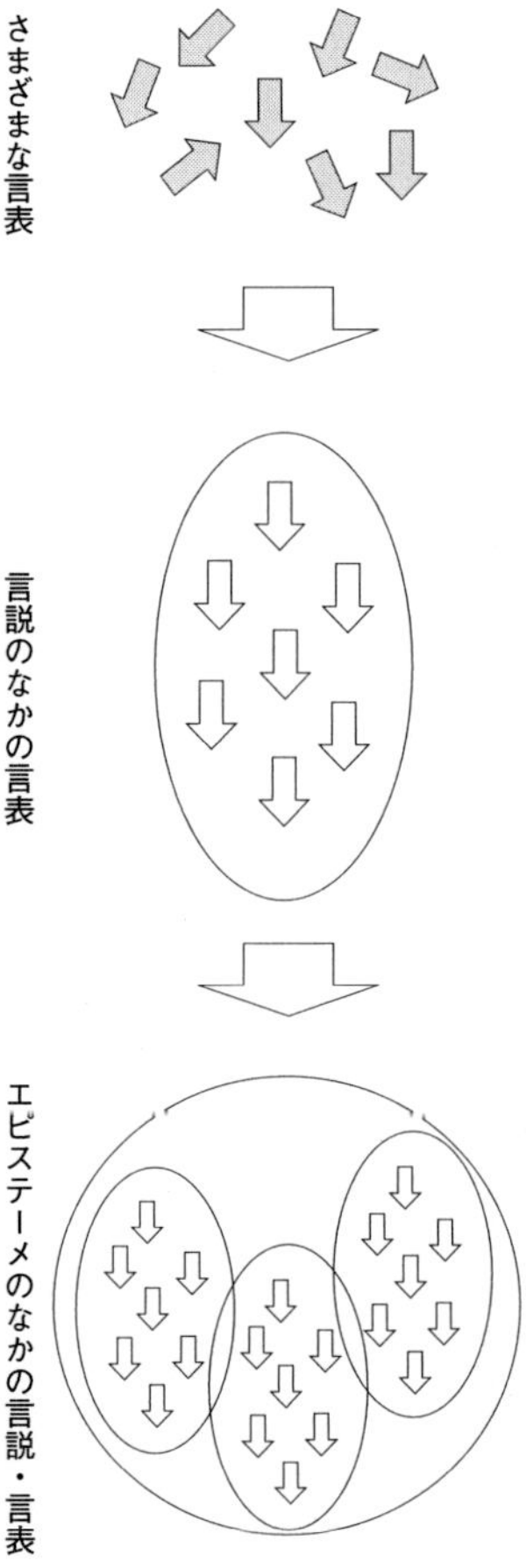


図1　言表・言説・エピステーメ

次に、近代のエピステーメにおいては、言葉は、第一に人間の用いる道具であり、人間の意思によって創出されたり限界づけられたりする記号である。言葉は、第二に物と排他的関係にあり、言葉は物を解釈する（意味づける）。言葉も、物も、ともに位階的秩序から、不完全ながら、解放されている。そして人間の思考は、それぞれの領域において、実証科学的な真理・実体という普遍性・超越性（形而上的なもの）を創出していく能動的・操作的な営みである。

## †形而上学からの解放

このような古典主義的なエピステーメも、近代的なエピステーメも、ともに超越性・普遍性（形而上学的なもの）を、蜃気楼のように浮かびあがらせるという点で、同質である。超越性・普遍性は、たとえば、キリスト教的な言説のなかで繰りかえし語られてきた「再生の物語」を支えている「起源」である。それは、人間が知恵の実を食べて楽園から追放されたために喪ったものであり、西欧社会のさまざまな学術・思想のなかで執拗に求められてきたもの、回帰してきたものである。

もちろん、フーコーは、この「再生の物語」を支えている超越性・普遍性を受け入れなかった。超越性・普遍性は、のちに確認するように、個々の人間存在のかけがえのなさ、彼（女）らが助けを求める声を無視し看過するからである。フーコーにとって「重要なことは、すべての超越性のナルシシズムから［私たちの］思考を引き剥がすことである」。フーコーにとって「必要なことは、思考が自分を閉じこめていた、その繰りかえし、すなわち起源を喪い、ふたたび発見するという物語の繰りかえしから、思考そのものを解放すること」である（Foucault 1971＝1995: 306）。

近代教育学のクリシェである「発達の物語」「発展の物語」「成功の物語」などは、フーコーの退ける「再生の物語」の変種である。それらは、すべての差異を「発達」「発展」「成功」という唯一普遍の右肩あがりの道程に組みこみ、人間・社会をとどまることなく発達・発展・成功する自動機械に仕立てあげようとする言説である。この「発達の物語」「発展の物語」「成功の物語」においては「あらゆる差異が単一の形態に、単一の世界観の組織化に、単一の価値システムの構築に、さらなる単一の文明化に還元されていく」のである（Foucault 1971: 22＝1995: 24）。

思考を「再生の物語」から、そして「発達の物語」「発展の物語」「成功の物語」から解放するために設定された分析が、フーコーの系譜学、歴史的存在論である。フーコーの目的は、思想を「いかなる目的論にも還元できない一つの非連続性のなかで分析すること、いかなる予備的な地平［＝発達の物語、発展の物語など］にも閉じこめられない分散のなかに定位させること、いかなる超越性の構成も主体の形式も適用できない匿名性のなかで展開すること、ようするに、いかなる始まり［再生・発達・発展］も約束しない時間のなかに解放することである」（Foucault 1971＝1995: 306）。

## 4　権力テクノロジー：実践的な装置

### †実践的な装置

実際に人びとが身体をうごかし課題をこなしていく実践のさまざまな領域において、先に述べた言説領域の「エピステーメ」に相当するものが、フーコーのいう「権力テクノロジー」（technologies de pouvoir）ないし「統治テクノロジー」（technologies de gouvernement）である。それは、ごく簡単にいえば、人びとの言表・実践を規定し、「権力の関係」（relations de pouvoir）という緊張感に満ちた上下関係を創りだす物質的・実務的な仕組みである（Foucault 1994＝1998-2002, No. 238）。

権力テクノロジー（統治テクノロジーの別名）は、総体的な場合には「戦略」（ストラテジー）、細分的な場合には「技法」（テクニック）と呼ばれている。それらは、すべて実践的な問題処理法であり、具体的な問題解決法である。フーコーは『知の考古学』において、権力テクノロジーを理論的に示しただけだったが、『監視と処罰』（邦題『監獄の誕生』）において、権力テクノロジーを近代社会を特徴づける「規律化」（discipline）の営みとして詳細に示している（Foucault 1975＝1977）。

このように権力テクノロジーを語るとき、フーコーは、権力を実体として理解しないで、機能として理解している。フーコーにとって権力は、ここにあるものとして五感でとらえられるものではなく、人の言動に変化が生じたときに、その人の意思を変えたものとして想定される意識上の関係性認識である。いいかえるなら、フーコーにとっての権力は、言説が対象を生産したり、実践が対象を生産したりするときに、そこに浮かびあがる上下関係である。何が問題か、それはどのように表現するべきか、どのように処理するべきか――こうした問いを立てるとともに、その問いに対する答えを用意し強要することと全体が、権力の働きである。こうした問い・答えの全体が、集団・組織・社会・国家の位階的秩序を、部分的にではあっても、保全するからである。

### †図式と配置

権力テクノロジーは、図式と配置に分けることができる。図式は、『知の考古学』においては「タブロー」と呼ばれ、『監視と処罰』においては「ダイアグラム」「シェーマ」と呼ばれている（Foucault 1969a: 19, 53＝1972: 10, 38; 1975: 206, 207＝1977: 207, 208）。こうした図式は、情況の変化によって変わるという意味で可変的であり、物質的ではないという意味で抽象的である。

『監視と処罰』以降、フーコーは「タブロー」「ダイアグラム」「シェーマ」といった言葉をほとんど使わなくなったが、ドゥルーズが指摘しているように（Deleuze 1986＝1987）、これらの言葉が示している図式は、臨機応変な可塑性を秘めている。いいかえるなら、図式は、理論でもなければ実践でもなく、人びとの行為を規定する機械的かつ生成的な前提命題を意味している。図式は、「Aならば必ずBである」という普遍的・本質的な因果律をふくんでいないが、「AならばBかもしれない」という暫定的・趨勢的な因果案をふくんでいるからである（そのいみで、フーコーのいう図式は、ルーマンがいう「因果プラン」ないし「タクト」にあたるだろう〔田中・山名 2004〕）。

たとえば、第3章でとりあげたパノプティコンは、「一望監視施設」ではなく一望監視という図式である。「パノプティコンは、一般化が可能な一つの権力作用のモデルとして理解されなければならない」。というのも、「パノプティコンは、一つの理念型に縮減された権力のメカニズムを示すダイアグラムだからである。このダイアグラムは、抵抗・摩擦といったすべての障害をまぬがれて、純粋な機械として機能し、ある種の建築様式や視覚効果を生みだす。事実、それは、政治テクノロジーを意味する一つの形象、すなわち、すべての特殊な用法から切り離されうる形象であり、また切り離されるべき形象である」。それは「どんな営みにも――教育の営み、精神療法の営み、生産の営み、懲罰の営みにも――適用できる」汎用性をもっている（Foucault 1975: 207, 208 傍点は引用者）。

こうした図式にもとづいて、さまざまな物・人が配置される。建築空間がデザインされ、さまざまな機能をもつ器具が配置され、人的組織が編成される。図式は、空間的・物質的・人員的な配置を生みだしていくが、図式に生みだされたこれらの配置が図式を強化していくこともある。図式と配置との関係は、双方向的な因果関係である。たとえば、同質化という図式が学校の制服をつくりだし、この制服が、かつての学校のように、同質化という図式を強化していくこともあれば、この制服が、有名私立学校の制服に見られるように、差異化という図式を生みだしていくこともある。

たとえば、校舎・教室・教材・校具・朝礼・訓話・板書・発問・試験・遠足……といった広い意味での教育諸制度・教育諸実践は、権力テクノロジーとして機能する。それらは、しばしば、結果的にというべきかもしれないが、教育者の善意・配慮を屈折させるメカニズムとして機能するからである。教育者は、多くの場合、生身の子どもにかかわるかわりに、権力テクノロジーをつうじてのみ、子どもにかかわっていく。教育者は、真実を語り教える指導者であろうとするかぎり、権力テクノロジーという媒体を使わずに子どもにかかわることはほとんどできないだろう。

### †権力の関係と諸力の関係

こうした権力テクノロジーは、何もない空間にあるのではなく、人と人が織りなす「諸力の関係」(rapports de force (s)) のなかにある。諸力の関係は、ごく簡単にいえば、勝負・反目・共闘・共鳴などの、人と人との多様な闘争関係である (Foucault 1994: 124＝1998–2002, No. 187: 167)*。私があなたの考え方・やり方を変えようとしたり、私があなたの考え方・やり方に逆らったり、仲間を呼んできて、一人の考え方・やり方を変えようとしたりと、かかわりあうことである。こうした諸力の関係がないところには、権力テクノロジーは生まれてこない。説得術、教授法、恫喝甘言などのような権力テクノロジーは、諸力の関係のなかで創られていくものだからである。

＊ rapports de forces の用例は、たとえば、Foucault 1994, No. 206: 300, 307; No. 238: 630 に見られる。rapports de force の用例は、Foucault 1976: 121＝1986: 119 に見られる。

権威者としての大学教授と学生の上下関係や、同じく権威者としての医師と患者の上下関係のような上下関係も、この諸力の関係と密接にかかわっている。権力の関係は、権力テクノロジーが無から創りだしたものではなく、権威者が行使する権力テクノロジーが諸力の関係を定型化した（飼い慣らした）ものだからである。言表（発話行為）が言説に囚われ飼い慣らされて躍動力・流動性・多様態を喪っていくように、諸力の関係が権力テクノロジーに囚われ飼い慣らされて躍動力・流動性・多様態を喪い、権力の関係に変わっていくのである。言説の一部を構成している言表（発話行為）は、権力の関係の、たとえていえば、下地としての諸力の関係に、いわば片足を置いている。

フーコーの権力についての議論は、錯綜しているように見えるが、権力の関係と諸力の関係が地続きであることを知っているなら、かなりすっきり理解できるのではないだろうか。たとえば、一九七六年、『性愛の歴史』の第1巻のなかで、フーコーは次のように述べている。

「『権力』（pouvoir）という言葉によってまず理解するべきことは、力の関係の多様態（multiplicité des rapports de force）である。それは、権力が作動する諸領域に伏在するものであり、かつその領域の組織を構成する重要な要素である。またそれは、絶えざる闘争と衝突によってそれらの組織を変形し強化し逆転する営みである。さらにそれは、それらがたがいにささえあって形成する党派ないしシステムであり、逆に、相手を切り離して生みだす反目ないし対立である。加えてそれは、それらが遂行する戦略、すなわち、国家機関、明文法、ヘゲモニーのなかにあらわれるそれらの全体的な配置ないし制度的な結晶である」（Foucault 1976: 121＝1986: 119）。

ここでフーコーが述べていることは、権力の関係の原基が諸力の関係であること、諸力の関係が支配的な組織や党派を生みだすこと、しかし組織も党派も諸力の関係によって危機にさらされること、そうした危うい橋を渡っている組織が国家機関であり明文法であることである。

## 5　諸力の関係：力としての自己

### †排他的かつ共鳴的な関係

フーコーは、諸力の関係を闘争状態に限定して語りがちである。フーコーにとって、人間の在りようは基本的に闘争関係に見えたのかも知れない。一九七八年、フーコーは、現実を弁証法的にとらえようとするロサンゼルスの学生たちと討論しながら、次のように述べている。「私が闘争、戦闘、敵対のメカニズムといったプロセスが存在するとしつこく主張するのは、そうしたプロセスが実際に現実のなかに見出されるからである。しかも、現実のさまざまなプロセスは、弁証法的なプロセスになっていないからである」と（Foucault 1994＝1998–2002, No.221: 56）。

一年前の一九七七年に発表された「汚辱に塗れた人びとの生」という評論においても、フーコーは次のように述べている。

「結局のところ、私たちの生きているこの社会の根本的な特徴は、運命が力との関係、力との闘い、あるいはそれに抗する闘いというかたちをとるということではないだろうか。そうした人生のもっとも緊迫した地点、その活力が集中する地点、それは、そうした人生が力と衝突し、その力と格闘し、その力を利用し、あるいはその力の罠から逃れようとする、その地点である。力ともっとも卑小な生者とのあいだを行き交う短くも、軋む音のような言葉たち、そこにこそ、おそらく卑小な生者にとっての記念碑があるのだ」（Foucault 1994＝1998–2002, No.198: 321）。

このように、人間という存在の様態を闘争状態と見なすことは、フーコー独自の考え方ではなく、西欧言語に染みついている考え方であるといえるのかもしれない。というのも、デリダがジョイス（Joyce, James 1882–1941）の作品『ユリシーズ』にふれながら述べているように、英語の be の過去形 was（存在した）は war（戦争）と同根であり、またドイツ語の sein の過去形 war（存在した）は英語の war（戦争）と同型だからである。そして、ドイツ語の Wahrheit（真理）は war（戦争）と同型の Wahr という語根をもっているからである。デリダは、was, war, Wahr のこうした類縁性に「戦争状態にある存在の真理」を見いだしている（Derrida 1987: 16–7＝2001: 11–12）。

デリダの語源論的な推論が妥当であるかどうか、それはわからないが、諸力の関係には闘争状態の効果としての共鳴状態がふくまれていること、それはまちがいないだろう。闘いは、ともに闘う仲間（「戦友」）を生みだすこともあれば、敵を好敵手として認めるという態度を生みだすこともあるからである。何かと闘う力は、その力と同じように何かと闘う他の力と共鳴するからである。フーコー自身が、同性愛のなかに見いだせる「友愛」（amitié）という共鳴的関係に強く惹かれていたように（Foucault 1994＝1998–2002, No.293）、諸力の関係は、競争・無視・疎隔といった排他的関係であるだけではなく、共闘・応答・交接といった共鳴的関係でもあるはずである。

二つの力の間に生じる共鳴現象は、フーコーが挙げている、命を賭けて闘う味方を助けようとする兵士をおそう高ぶりだけではない。それはまた、ただただ懸命に生きようとする幼い子どもの、そしてその子どもを抱きしめる親の高ぶりでもある。たとえば、一歳になったばかりなのに、保育園に預けられた子どもが、わけもわからずそこで一日を過ごして家に帰ると、「抱っこ抱っこ」といわんばかりに手を伸ばし、親に甘えてくる。翌朝、出かけようとすると、その小さな手と足で力一杯、抱きつき、離れようとしない。なぜ自分が引き離され、置き去りにされるのか、彼にはわからない。彼は、わけがわからないまま嫌なことに耐える力であり、心地よいものから離れまいとする力である。そして、その子どもの力に、仕事に遅れることと闘いながら、応える力がある。フーコーにとって、愛も諸力の関係の一つであるなら、その力は、たんに強さの力ではなく、弱さの力でもある。

### †生と命

ともあれ、フーコーが「生」(bio) から区別するところの「命」(vie) は、こうした拮抗しまた共鳴する力である。フーコーは、『性愛の歴史』において、一九世紀以降、権力が「死に対する権力」として行使されるものから「命に対する権力」(pouvoir sur la vie) として行使されるものに移行していった、と述べている。この「命に対する権力」が近代国家の福祉政策・教育政策を特徴づけてきた「生 - 権力」(bio-pouvoir) であり、この権力が創りあげるものが「生」である (Foucault 1976: 183-4)。しかし、「命が、あますところなく命を支配し経営する生 - 権力のテクノロジーに組み込まれたことなど、まったくない。命は、たえず生 - 権力のテクノロジーから逃れさる」力である (Foucault 1976: 188)。

「生」は、「命」を前提にしながらも、「命」に還元されない概念である。「生」は、たとえば、医者が「生命維持装置をつけます」というときの「生命」であり、また教師が「望ましい青少年のあり方」や「期待される人間像」というときの「あり方」「人間像」である。それらはすべて、機能的規範として肯定されている「生」であり、一定の言説的な装置——近代医学・近代教育学・近代経済学など

──と、実践的な装置──病院・学校・会社など──とが構築する「正常性・規格性」(normality)を前提にしている概念である。「生」という概念は、結局のところ、共鳴し生成し応答する「命」を機能的に定型化し再形成する権力テクノロジーの一部である（Foucault 1983, 1988b）。

## †力としての自己

しかし、諸力の関係は、こうした〈私〉と他者との関係だけに見いだせるものではない。諸力の関係は、〈私〉と自己との関係にも見いだせる。フーコーは、諸力の関係は、社会のなかで「万人が万人と敵対している」ことであるだけでなく「私たちの内部でつねに何かが別の何かと闘っている」ことでもある、と述べている（Foucault 1994＝1998–2002, No. 206: 426）。それは、たとえば、私たちが「どのように生きるべきか」と問い、迷い・揺れ・悩み、決心し・実行し・努力することであり、つまるところ、自分で自分のことをあれこれと反省し、配慮することである。ちなみに、パスカルは『パンセ』のなかで、フーコーと似たことを述べている。人は「理性と衝迫［情念］との内戦状態にあり」「つねに分裂し、自分自身に敵対している」と（Pascal 1993: VI, 412）。

フーコーは一九七〇年代後半から、『性愛の歴史』の一環として「自己」を語り始めるが、丹生谷やドゥルーズが論じているように、フーコーがいう「自己」もまた力である。丹生谷の言葉使いによれば、それは、「野生の自己」であり、「唯物論的な位相にある自己」である（丹生谷 1996: 173）。しばしば誤解されているが、フーコーは、『性愛の歴史』『主体の解釈学』における古代ギリシアの自己形成論をつうじて、古代ギリシア的な自己形象を理想像として示そうとしたのではない。第６章でもあらためてふれるが、そこでフーコーが示そうとしたことは、「力としての自己」が古代ギリシア的な自己形象に絡めとられる瞬間である（Foucault 1994＝1998–2002, No.354）[*]。

＊　一九八四年にフーコーは、ある質問者に次のように応えている。質問者「……そのギリシア人たちのことを感嘆すべき人びとだと思われましたか」。フーコー「いいえ」。質問者「模範的だとも感嘆すべきだとも思われなかったのですか」。フーコー「はい。思いませんでした」。質問者「では、どう思われたのですか」。フーコー「あまり大したことはない、と。……私は、古代ギリシア・ローマ全体が『深い誤謬』であったと思っています」と（Foucault 1994＝1998–2002, No.354: 201–2）。宇野邦一の言葉も引いておこう。「［フーコー］は新しい自己論や他者論を作り上げようとしたわけではなかった。グレコ＝ローマン文化や美学の復興を提唱しようとしたわけでもなかった」（宇野 2003: 19）。

「力としての自己」は、なんらかの文化・宗教に方向づけられ彩られた自己形象ではない。それは、「けっして到達されることのない自己」（Foucault 1994＝1998–2002, No.293: 374）、すなわち文化・宗教によって形象化されるまえの野生ないし原生の自己であり、いいかえるなら、社会秩序にもとづいて自己制御・自己規律されるまえの、歓喜（苦痛）に満ちあふれた身体である。それは、ギリシア的な自己、キリスト教的な自己など、あらゆる形態の自己となりうるという意味で、潜在的な多様態である。丹生谷は「フーコー的な『自己』とは……おそらく端的に所与として与えられた『身体と快楽［＝歓喜］』をめぐるすべての様相を含んだ潜在性に他ならない」と述べている（丹生谷 1996: 184）。

「力としての自己」に主要な部分があるとすれば、それは、フーコーにとって「性愛」という近代の（？）言説に侵されるまえの「身体」（corps）と「歓喜」（plaisirs）であろう。すなわち、「性愛」という文化的形象に絡めとられるまえの、生き生きとした身体の営みであり、歓びに昂揚する感覚である。フーコーは、一九七六年に「もしも権力による拘束に抗い、……身体・快感・知に多様性と抵抗の可能性を見いだすためには、私たちは［性愛という装置が創りだした］性的欲望という審級から自由にならなければならない。性愛という装置に対抗し反撃する拠点は、性的欲望ではなく、おそらく身体と歓喜だろう」と述べている（Foucault 1976: 208＝1986: 199）。

フーコーにとって、身体と歓喜はきわめて重要な拠点であり、倫理的な何かに彩られているものである。一九八三年にフーコーは、フランス民主主義労働同盟（CFDT）の書記長メール（Maire, E.）と対談し、「政治行動の意思を何に帰すべきでしょうか。支配されているという意識をもち、闘わなければならないと感じつつも、決心のつかない人びとがいます。人はなぜ政治的に行動し始めるのでしょうか」という書記長の問いに「歓喜の倫理（éthique du plaisir）というものがあります。それを尊重しなければなりません」と応えている（Foucault 1994, No. 334: 507＝1998–2002, No. 334: 401）。

文化・宗教に象られるまえの、身体・歓喜に裏打ちされた「力としての自己」は、たえない生成（devenir）状態にある。それは、突然変異的な変容をつづけ、歴史的に創りあげられた諸装置を追い越してしまう。たとえば、「美しい日本語」の外へ、「品格ある人間」の外へ、「正しい家庭像」の外へと、ためらうことなくはみだしていく。ドゥルーズの言葉を借りるなら、「力は［生成変化する］外

(dehors) とかかわってる」(Deleuze 1986＝1987: 134–5, 179, cf. 212)。主体性・有用性の外は多様で多数である。そうだからこそ、「命としての人間」「抵抗する力としての人間」にどんなことができるのか、その可能性を、人間は理解することができない (Foucault 1976: 190＝1986: 182)。

このような「力としての自己」は、ドゥルーズが繰りかえし批判する「形而上学的ニヒリズム」か

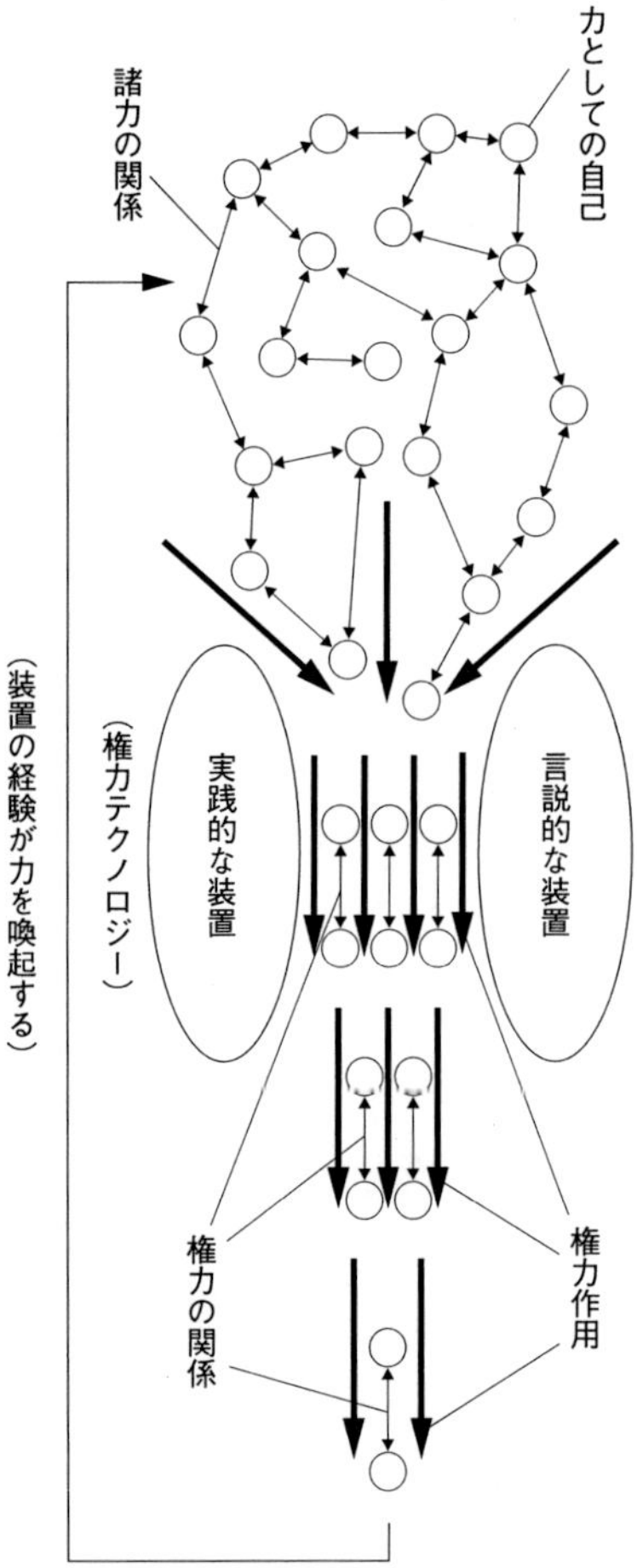


図2　諸力の関係と権力の関係

ら無縁である。ドゥルーズにとって、たとえば、「あったものがなくなった」といって嘆くことも、「ほしいものが手に入らない」と社会を呪うことも、形而上学的ニヒリズムである。「もっと健康を」「もっと発達を」「もっと発展を」と欲望しているからこそ、そうでない状態を嘆き呪うのである（田中 2003）。そうしたルサンチマンは、未来のために現在を利用する右肩あがりの時間概念、「再生」の形而上学にとらわれている。「力としての自己」は、こうしたニヒリズムから無縁である。

**†ニーチェの力概念**

さて、確かめておくなら、このようなフーコーの力概念は、ニーチェの力概念と大きく重なりあっている。しばしば引用される箇所をあらためて引用しよう。ニーチェは、一八八五年に『ツァラトゥストラはこう言った』のなかで、次のように述べている。

「身体とは、大いなる理性であり、一つの感覚をもつ複合体である。一つの戦争と一つの平和であり、一つの畜群であり一人の司牧である。あなたが「精神」(Geist) と呼んでいる、あなたの小さな理性もまた、あなたの身体の道具である。……「私」(Ich) とあなたは語り、その言葉を誇りにしている。しかし、私よりもはるかに重要なことは……あなたの身体であり、その大いなる理性である。それは「私」とは語らず、「私」を動かしている。……感覚と精神は道具であり、玩具である。それらの背後に「自己」(Selbst) がある。……この自己こそが、人を支配するものである。「私」の支配者である」(Nietzsche 1967– [AZ]＝1982: 51 訳文変更)。

ここでニーチェのいう「自己」は、主体の基礎、自己同一性としての「自己」ではなく、フーコーのいう「諸力」である。この「自己」は、「一つの感覚をもつ複合体」すなわちある時点においては一つの感覚をもつが、通時的にみるなら複数の感覚をもつ。そして、「一つの戦争」すなわち闘争状態であり、「一つの平和」すなわち整序状態であり、「一つの畜群」すなわち批判されるべきものであり、「一つの司牧」すなわち批判するものである。つまり、変成し闘争し躍動する諸力である。

そして、こうしたニーチェのいう「自己」は、ニーチェのいう「力への意志」である。力への意志は「存在の最深の本質」であり、「心情の原初の形態」である。いいかえるなら、生きることと歓喜することが重なりあうところに生じる意志である (Nietzsche 1967– [NF1888]＝1983: 75, 124 訳文変更、傍点引用者)。この意志は、リスクを合理的に避け、ただ生き延びることを最優先する意志ではなく、自分のためであれ、他者のためであれ、歓喜するために、死すらも恐れない意志である。

これまで、ニーチェの「力への意志」といえば、強さの力という側面が強調されてきた。たしかに、ニーチェは「力への意志」を語るときに、「高貴」「闘争」「敵対」という言葉を好んで使い、強さを強調している。しかし、その強さの力を支えているものは、他者に感応する力、他者と交感する力である。ニーチェの宣揚する「友愛」(Freundschaft) は、この他者に応答する力である。

## †命の完全性

ニーチェは、『ツァラトゥストラはこう言った』において、次のように述べている。「友をもちたいと願うなら、その友のために闘うことを辞さないという覚悟が必要である」。したがって「奴隷は友人になれない」し「暴君も友人をもてない」。「そして〔友のために〕闘うためには、すすんで〔友の〕敵（Feind）となりえなければならない」。友愛の力は、敵対する力によって強められるからである。そして、あなたは「友のなかに敵を見いだしながら、友を尊敬しなければならない」。君が友の上に立ったり下に立ったりする瞬間に、友愛は消失してしまう。「君は、友人と心を通じ合わせる仲になりながら、なお自分の立場を貫き通すことができるか」。しかし、何よりも大事なことは、友を無条件で受け容れることである。「君が友人に敵対するとき、心のなかでは、その友人にもっとも近づいて（nächste）いなければならない」と（Nietzsche 1967–［AZ］: 67–8＝1982: 85–6 訳文変更）。

ニーチェのこうした友愛論は、命は「完全性」（Volkommenheit）である、という命題を前提にしている。命は、自己超克し、その瞬間瞬間において「充溢され、達成され、完了している」からである（Nietzsche 1967–［NF1887–8］: No. 11［82］）。命に上下はない、そしてこの自己超克する命は、実り豊かな大地に満ち溢れている。ニーチェは、その命を「完全なもの」と呼んでいる。「この大地は、なんと豊かに、小さく良く完全なもの（vollkommenen Dingen）、すぐれたものに満ちていることか！君たちのまわりに、小さく良く完全なものをならべるべきだ。気高き人間よ！　そうしたものの黄金の実りは、心を癒すのだ。完全なもの（Vollkommenes）は、心に希望を抱くことを教えてくれる」

と（Nietzsche 1967–［AZ］: 360＝1982: 432 訳文変更）。

ニーチェのいう「小さく良く完全なもの」は、能力の「完全性」ではない。「人間の精神性」いいかえるなら「狡猾さ」における「完全性」でもない。「小さく良く完全なもの」は、そこにまさに生きている命であるという完全性である。その意味で、すべての命は、ひとしく「完全性」である。ニーチェの眼から見るなら、人間は、その「精神性」つまり「人間性」によって、命の「完全性」を看過してきた。一八八八年に、ニーチェは『アンチクリスト』において、次のように述べている。「人間は、けっして創造物の王冠ではない。それぞれの存在（Wesen）はすべて、完全性の位置（Stufe der Vollkommenheit）において、人間とひとしい」と（Nietzsche 1967–［A］＝1987: sec. 14）。

### †ディオニュソス的な応答性

肯定的に「完全性」を語るときのニーチェは、「理想化」（Idealisiren）という言葉の意味も、大きく読み替えている。一八八八年にころに書かれた『偶像の黄昏』において、ニーチェは、「理想化」は、「ささいなもの、副次的なものを取り去る」ことを意味する言葉ではなく、「主要な特徴を猛烈に駆使し強調する」ことを意味する言葉である、という。いいかえるなら、それは「力が昂揚し充実する感情（das Gefühl der Kraftsteigerung und Fülle）」に駆られることである、と。ニーチェにとって、このような力の昂揚・充実の感情が、人が事物に何かを与える原動力、人が事物をつうじて何かを強調する原動力である（Nietzsche 1967–［GD］: 110＝1987: 94）。

「人間がこのように［主要な特徴を猛烈に駆使し強調するという理想化の］状態にあるとき、人間は、自分を充実させることによってすべてを豊かにする。人が見るもの、人が望むもの、人はそこに溢れるもの、ひしめき、激しさ、力強さを見る。このような状態の人間は、事物を変形し、最終的に事物に彼自身の力（Macht）を反映し――彼自身の完全性（Vollkommenheit）を反映するものに事物を変える。このように、事物が［理想化の状態にある人間の］完全性に変貌せざるをえなくなること――これが芸術である。［そのとき］自分でないもののすべてが自分に歓喜をもたらす。芸術のなかで人間が味わうものは、完全性としての人間（der Mensch als Vollkommenheit）である。……キリスト教徒であり、同時に芸術家である者は、けっして現れない」（Nietzsche 1967– [GD]: 111＝1987: 95 訳文変更）。

そしてニーチェは、人びとを激しく突き動かす「心情」（Affekt）に彩られた人間を「ディオニュソス的な人間」と呼ぶ。ディオニュソス的な人間は、自分の心情を重視するだけではなく、他者の心情にも敏感である。「彼は、どんな心情の徴も見逃さない。……彼は、どんな皮膚のなかにも、どんな心情のなかにも入り込んでゆく」（Nietzsche 1967– [GD]: 112＝1987: 96 訳文変更）。ディオニュソス的であることは、より曖昧な、より豊穣な、より浮動な他者の心情に、痛ましいほど「受動的」（passiv）になること、他者の「受難」（Passion）に応答的であることである。それは、「生の総体性を歓んで受け容れると断言することであり、生の総体をすべての変転のうちに変わることなく同じもの、同じ力をもつもの、同じ浄福にめぐまれているものとして受け容れることである」。それは「［他者との］共歓と共苦であり、生成への、豊穣への、回帰への、変わらない意志であり、創出の営みと消滅の営みとの必然的な一体性である」（Nietzsche 1964［WM］=1993, 下: sec. 1050 訳文変更）。

こうしたニーチェの心情的な応答性は、フーコーの力概念のなかにも見いだすことができる。この点については、第6章であらためてとりあげることにしよう。

## 6　力としての自己の喚起

### †新リベラリズムのなかで

私たちの生きているこの時代は、教育学に何を求めているのだろうか。あらたな教育技術的・教育制度的な革新によって、学校に満ちている不確実性に終止符をうち、学力や進路などにかかわる不安、リスクを一掃することだろうか。ヒューマニズムにあふれた人間形成というイデオロギーの危機を乗りこえるために今必要とされているものは、「新リベラリズム」がとなえるように、学力形成、能力形成のためのテクノロジーなのだろうか。教育とは、今や、統治の主体ではなく、言動の主体にとって、社会的・経済的に評価される能力のみをもたらす働きかけなのだろうか。

有用性の原理に完全にとらわれた教育概念は、さかのぼるなら、一九六〇年代から七〇年代にかけて説かれた「人的資本論」(human capital theory) において論じられている。フーコーは、一九七九年三月二一日のコレージュ・ド・フランスの講義において、アメリカの経済学者ベッカー (Becker, Gary S. 1930–)、シュルツ (Schultz, Theodore W. 1902–1998) などの人的資本論を「新リベラリズム」のなかに位置づけ、その教育概念について、次のように述べている。

「人的資本論のなかで、新リベラリストたちは、たとえば、母親と子どもの関係が、どのように投資となるか、説明しようとしています。母親が子どもとすごす時間、母親が子どもに与える世話、母親が子どもに示す愛情、母親が子どもの発達、学校教育、学業成績、身体発達にはらう配慮、母親が、子どもの食事の仕方のみならず、食生活全体を様式化し、母親と子どもの食育を様式化する方法。こうしたすべてによって、母親と子どもの関係が、時間のなかで測定可能な投資を意味するようになります」(Foucault 2004＝2008: 300)。

この人的資本論においては、母親と子どもの愛の関係は、母親の子どもへの投資の関係として意味づけられている。愛の関係が否定されるのではない。愛の関係が、愛の効果によって評価され、愛の効果が、投資の程度によって評価されているのである。食生活から成績にいたるまで、すべての配慮が、どのくらい子どもの所得の向上、上昇につながっているのか、その度合い、すなわち収益率への貢献度によって、母親の愛は評定されているのである。

すくなくとも、フーコーが切り開いた道は、愛の名の下に営利的なテクノロジーを次つぎに開発するという機能主義的、成果主義的な道ではない。フーコーが行ってきた思想史的分析は、普遍性・超越性を肥大させ、主体性、有用性の言説を蔓延させる諸装置をあばくこと、そのなかで諸力の関係を暗示し「力としての自己」を喚起することである。

### †無常の風情

新リベラリズムであれ、近代統治論であれ、人びとを動員する権力の営みが終わったあとに、人びとの眼前に広がるものは、ただ生きて死んでいく無常無数の諸力の関係だろう。それは、生まれ、育てられ、勤しみ、結びあい、別れ、疎んじ、懐かしみ、惜しみ、といったかかわりだろう。『言葉と物』の最後で、フーコーは、その無常の風情を「波打ちぎわの砂の表情」と形容している（Foucault 1966＝1974: 409)。「諸力の関係」という状態は、主体性、有用性の言説の限界に見えてくる命の無常の風情である。その風情は、しかし、実際には、いかなるときにも、私たちの眼前に広がっている。ただ、自律性や実益性しか見えない色眼鏡をかけている私たちには、その風情が見えないだけである。いいかえるなら、主体性、有用性の限界に現れる力としての自己は、けっして理想の自己像ではなく、存在論の自己である。それは、ニーチェの描いたツァラトゥストラのように、超越性とみなされて弟子たちに否定されたあとで、ふたたび現れる（NWKG 1967–［AZ］＝1982)。フーコーのいう力も、ニーチェのツァラトゥストラと同じである。フーコーの力は、権力テクノロジーに変化し否定されたあとで、ふたたびその姿を現すのである。力から権力へ、そして権力から力へと、力と権力は往還しつづける。社会秩序の変革、自己形象の変容を可能にするものは、力と権力との往還である。

要約的にいえば、フーコーが切り開こうとした道は、私たちがそれぞれ、社会秩序・自己形象を諸力の関係と諸装置との往還関係から理解するなかで、そして主体性、有用性の支配から距離をとることで、無常の風情を感じつつも、よりましな社会秩序・自己形象を日々模索するという道である。憶測にとどまるが、「絶対的なオプティミスト」を自称したフーコーは、この無情の風情のなかに立ち現れる諸装置に、いくらかの倫理的な進歩を見いだしまた期待していたのではないだろうか。

# 第5章　フーコーの啓蒙論：カントとアクチュアリテ

*Foucault on Enlightenment: Kant and Actualité*

第5章の主題は、フーコーのいう「力」そして「批判」という営みが「アクチュアリテ」と不即不離の関係にあることである。フーコーのいうアクチュアリテは、客観的な「現実」ではない。アクチュアリテは、この〈私〉に呼びかける他者の声に応えるという人間に固有な応答性と不可分な情況である。フーコーにとって「批判」という行為が正当であるのは、それがアクチュアリテと不即不離の行為だからである。いわば、アクチュアリテを生みだす応答性が、フーコーの批判を開始する起点である。フーコーがカントの啓蒙論に自分の批判論の原型を見いだしながら、それを基礎づける人間学を退けたのは、カントの啓蒙論、人間学がこのアクチュアリテからの批判を充分に踏まえていないからである。その意味では、カントの啓蒙論は、フーコーの批判論に連なる思考でありながら、それから区別されるべきである。

# 1　啓蒙論と人間学の関係

## †啓蒙のなかの批判

近代教育学を基礎づけたカントにとって、もっとも重要なことは「啓蒙」（Aufklärung/les Lumières）を実現することである。カントにとって、それは「人間の内部におけるもっとも重要な革命」であり（Kant 1968［7］: 229＝2003: 173）、「啓蒙を進歩させることとこそ、人間性の根源的な本分」である。カントは、もしも人が啓蒙を諦めてしまうなら、それは「彼自身にとっても、そして彼の子孫にとっても、人類の神聖な権利を侵害し踏みにじる結果となる」という（Kant 1968［8］: 39）。

そのカントにとって、啓蒙とは、人がだれかに指図されることなく、自分の「悟性」（Verstand 概念を生みだす力、思考力）を使用できる状態である。いいかえるなら、理性によって自律することである。

「啓蒙とは、人間が、自分のせいで未熟である状態から、自分で脱出することである。未熟な状態とは、他人に指導されなければ、自分の悟性を使用できない状態である。この未熟状態は当人の招いた状態である。というのも、この状態をもたらした原因は、当人が悟性を欠いていることではなく、他人の指導がなければ自分の悟性を使用する決断と勇気を当人がもっていないことだからである。したがって、勇気をもって知れ！（Sapere aude!）自分自身の悟性を使用する勇気をもて！　これが啓蒙の標語である」（Kant 1968［8］: 35）。

もっとも、そのカントが、人びとが啓蒙を達成するうえで必要としていると見なしたものは、なぜか「決断と勇気」ではなく「自分の理性をあらゆる点で公共的に用いる（öffentlichen Gebrauch）自由」である。* それは、人びとが「学識者（Gelehrter）のように、一般の読者全体のまえで、自分自身の理性を使用すること」である（Kant 1968［8］: 37）。** いいかえるなら、それは、個々人が、それぞれの地位・役割から離れて、だれにも遠慮することなく、ただ「理性的」に論議することである。そして、その論議が「理性的」であるかぎり、その論議は「批判」（Kritik）と呼ばれたのである。

＊　カントが高く評価していたフランス共和政体は、自律的個人がつどう合議体であり、カントが求めた成熟した人間は、この自律的個人である。そしてカントが嫌悪したのは、その当時の「領主」（支配者）でありながら、「啓蒙」を重視したプロイセン王ヴィルヘルム二世である。もちろん、カントは、ヴィルヘルム二世を直接に批判せず、支配者を可能にしてしまう人びとの「未熟な状態」を批判している。「啓蒙とは何か」における「未熟な状態とは、他人に指導されなければ、自分の悟性を使用できない状態である」という言葉は、ヴィルヘルム二世に向けられていると同時に、彼のような支配者を存立可能にしている人びと（民衆）に向けられている。

＊＊　カントにおいては、悟性、理性がつくりだす「観念」（idee）のよしあしは、「明晰さ」と「判明さ」の程度によって決められる。デカルトによる「明晰」（clara）と「判明」（distincta）との区別によれば、

clara は obscura に対立し、distincta は confusa に対立する。これらの区別は、近世に登場したカメラに典型的にあらわれる光学的現象に由来している。すなわち、clara は光が多いこと、obscura は光が少ないことであり、disticta は輪郭がはっきりしていること、confusa は輪郭がぼやけていることである。カントも、この区別にしたがい、『人間学』において「ある対象を他の対象から区別するのに充分であるくらい自分の諸表象を意識している場合、その意識は明晰（Klarheit）である。しかしまた、諸表象の合成のされ方が明晰であるような意識は判明（Deutlichkeit）である」と述べている（Kant 1968［7］: 138-9＝2003［15］: 39）。いろいろと学ぶことができる人間は「明晰」であるが、自分で理性的・悟性的に思考しない人間は「判明」ではない。つまり、啓蒙された人間、成熟した人間は、たんに「明晰」な人間あるだけではなく、「判明」な人間でもある。

この「批判」は、『純粋理性批判』で語られた「批判」と同じなのだろうか。もしもそうであるなら、「批判」は、理性による経験の批判であるだけでなく、理性による理性そのものの批判でもある。いいかえるなら、理性の限界で営まれるほかない思考である。人間の理性は、普遍性を指向しているが、神意が体現する普遍性とちがい、万能ではなく、誤りうるからである。たとえば、理性は、理性的に推論をすすめたにもかかわらず、理性に反する結論に達することがあるからである。カントは『純粋理性批判』の（いわゆるA版の）序文で、理性は「自己認識に着手し、そのための法廷（Gerichtshof）を設け」、「理性の要求が正しければ、理性を擁護し、反対に、理性に根拠がなければ、……理性の普遍的な法によって［理性］を棄却しなければならない」と述べている（Kant 1968［3］: xi-xii）。

理性による法廷は、ひとりの人間を、審判される人間と審判する人間に分ける。『純粋理性批判』『実践理性批判』などの批判哲学で用いられている言葉を使うなら、その審判される人間が「経験的自己」「感性的自己」であり、審判する人間が「主体それ自体」「純粋な自己」である。したがって、批判哲学におけるカントの「批判」は、ある立場から他の立場を論難することではなく、私たちが自明視しているものを、そうした認識を可能にしている前提命題にさかのぼって吟味することである。その意味で、批判哲学の「批判」を可能にしているものは、この自分を吟味する自己をつらぬく「理性」である。

しかし、こうした審判し審判される「人間」（主体）は、『純粋理性批判』『実践理性批判』などよりも、『人間学』において主題的に語られている。『人間学』は、「人間とは何か」を問う学問であり、この問いは、カントにとって、「私は何を認識できるか」「私は何をなすべきか」「私は何を望みうるか」という、三つの哲学的課題を総括するもっとも重要な問いである（Kant 1968［11］: 429）。フーコーが『言葉と物』でおもにとりあげるのは、この「人間とは何か」に対するカントの答えである。

**†経験的／超越論的な二重体**

フーコーは『言葉と物』において、カントの『人間学』を、人間の理性の有限性を確定する「有限性の分析」である、ととらえている。フーコーは、この「有限性の分析論においては、人間は、奇妙な経験的／超越論的な二重体」と規定されている、と述べるとともに、「私たちの近代性の始まりは……

この「人間」と呼ばれる経験的／超越論的な二重体がつくりだされた日に見いだせる」と述べている（Foucault 1966＝1974: 338)。カントの「人間」こそ「近代的主体」の元祖である、と。*

＊　フーコーは、一九六一年に提出した博士論文に付けたカントの『人間学』のフランス語訳の冒頭に一二八ページにおよぶ「カントの人間学への序説」と題した評論を付けている（Han 2002: 17-37)。フーコーはそこで、カントの『人間学』において描かれている主体が実践理性批判で語られた「主体それ自体」でもなければ、純粋理性批判で語られた「純粋な自己」でもなく、審判されるとともに審判する主体である、と述べている。「自己観察の特徴は、主体そのものに到達することでもなければ、統一的な純粋な自己に到達することでもなく、客体としての、そして現象的な真実としての自己に到達することである。この客体としての私は、時間のなかで成立するものであるにもかかわらず、審判する主体から無縁ではない。客体としての自己はつまるところ、みずから活動するその主体以外の何ものでもないからである」と（Foucault 1961: 23〔Han 2002: 20から引用〕)。

こうした経験的／超越論的な二重体としての「人間」は、人間の認識を条件づけている自然・歴史を探究するが、フーコーにとって、その探究は、近代的な探究としての「批判」にとどまっていた。というのも、「〔人間の〕認識を条件づけている自然・歴史についての〔人間〕の探究は、批判〔対象〕のレベルを経験的認識の諸内容にまで引き下げることによって、一定の枠に収まる批判を行うことを前提にしている」からである。いいかえるなら、この探究は、経験的事実に基本的なものを見いだそうとするとともに、自分が定めた真実を確認しようとするという意味で、「実証論的であるとともに、決定論的である」探究である、と（Foucault 1966＝1974: 339, 340 傍点引用者)。

ここでフーコーが「実証論的」「決定論的」という表現で示しているのは、〈経験的なもの／超越論的なもの〉という区別がもたらす超越論的なものの特権化である。人びとの認識を条件づけている自然・歴史についての探究が、その批判対象のレベルを経験的認識にまで引き下げるということは、批判対象から超越論的認識をはずすということである。批判されるもの（経験的なもの）から批判するもの（超越論的なもの）をのぞく、ということである。それは、超越論的主体をメタレベルに位置づけ、超越論的主体に思考できないものと見なし、特権化することである。

いいかえるなら、〈経験的なもの／超越論的なもの〉という区別は、〈思考できるもの／思考できないもの〉という区別である。思考できるものは、生物学・経済学・言語学という経験的学問が語る生命・労働・言語であり、思考できないものは、超越論的主体、理性そのもの、キリスト教の神のような超越的なものである（この「超越的なもの」は「超越論的なもの」ではない*）。人間の思考は、もともと世界の外に結びついているが、その思考は、生命を実体化する生物学、労働を実体化する経済学、言語を実体化する言語学に結びつくことで、実証論的に飼いならされていき、世界の外すなわち視界の外を失っていく。つまり、ドゥルーズの言葉を借りていえば、「人間の力は［世界の］外からやってくるが、それが［生命・労働・言語を語る経験的学問の］有限性の力と結びつくことによって……「人間」という形態を創りだしていく」（Deleuze 1986＝1987: 203）。

＊　柄谷行人は、「超越論的であること」を可能にしているのは「主観が構成しえないような他者」であり、

この他者によって自明性を疑わざるをえない情況に追い込まれることが「超越論的であること」であるという。たとえば、日本語を話す人びとが日本語の構造を省みることなく世界平和を語ることは、すこしも超越論的ではない。それは共同体を超越する行為であるが、共同体に超越論的に対峙する行為ではない。その意味で、「共同体を超越して世界一般について考えること」は「まさに共同体の内部にあること」である（柄谷 1989: 178）。また、柄谷は「カントにおいて、……単独者としての主体は、たんに一般的な超越論的主体の個別的なあらわれであるとみなされている」と述べている（柄谷1989: 196）。柄谷行人のカント論については、森村 1998を参照されたい。

## †人間学の眠り

フーコーにとって、人を人間学的な「人間」に閉じこめるのは、こうした超越論的主体の特権化であった。フーコーは、次のように述べている。「このような折り日［＝人間学的な人間概念］が果たす超越論的機能は、有無をいわさない力で［経験的なものに］網をかけて、経験的な領域の灰色の空間［超越論的主体に思考できないもの］を覆い隠すことである。逆からいえば、経験的なものは、言説によってただち包摂されて、活気づけられ、再建され、確立され、そして、超越論的であろうとする人間の思いあがりを強化していく。こうして、この折り目［＝人間学的な人間概念］のなかで……近代の哲学は、人間学の眠りにおちる」と（Foucault 1966＝1974: 362-3 訳文変更）。

フーコーにとって、人がこうした「人間学の眠りから覚めるための方法は……［生命・労働・言語・思考できないものの四辺からなる］人間学の『四辺形』を、その基礎にいたるまで破壊しつくすことだけ」であった。その先例が、ニーチェの系譜学である。ニーチェの語る「神の死」は、超越論的に「思考できないもの」（キリスト教的な神意）を否定し、そうすることで「超越論的主体」を否定し、人間学の「四辺形」を倒壊させるからである。フーコーは、ニーチェの系譜学のような非カント的「批判」によって「人間学」が破壊されることによって、脱近代の思考が生まれる、と考えていた。「現在、人びとは、もはや消滅した人間が残した空虚のなかでしか思考することができない。……その空虚は、ふたたび思考が可能になる空間の開示そのものである」と（Foucault 1966＝1974: 363–4）。

ところが、一九八三年、死去する一年前のフーコーは、「啓蒙とは何か」という論文でカントの「啓蒙とは何か」をとりあげ*、啓蒙の効果に一定の否定的留保をつけながらも、そこにニーチェの系譜学に符合する批判の姿勢を見いだし、肯定的に評価している。「私は、私たちが成熟するかどうか知らない。私たちが経験してきたことは、啓蒙という歴史的できごとが私たちを成熟させないこと、私たちがまだ成熟していないことを暗示している」。しかし、そうであるとしても、「私には、カントの啓蒙的な問いが過去二世紀にわたり重要性と有効性をもってきた哲学的な問いの形態を示しているように思われる」と（Foucault 1994: No. 339: 577＝1998–2002, No.339: 24）。

＊　「啓蒙とは何か」というフーコーの論文は、まずフーコー自身によってドイツ語で書かれ、その英語訳がラビノウの編集したフーコー論文集に収録された（Foucault 1984e）。この英語版をさらにフランス語に訳したものが『言われたことと書かれたもの』の No. 339 である。なお、同じ一九八四年に *Magazine Littéraire*（No.207）に“Qu' est-ce que les Lumiéres?”というフーコー自身の論文が掲載されているが、

これはもともとのドイツ語版の半分くらいの縮約版である。この縮約版が『言われたことと書かれたもの』の No. 351 である。

## †近代哲学への復帰?

一九七六年から一九八三年までの八年間、フーコーは本を出版しなかった。この「沈黙の八年」を自己反省の八年に見なし、カントの哲学を一枚岩と見なすなら、一九八三年のカント啓蒙論評価は、フーコーの「転向」に見えるかもしれない。たとえば、一九八五年にハーバーマスはそう見なしている。フーコーは「啓蒙とは何か」という評論において、かつて自分が否定した「近代の哲学的言説の呪縛圏にとらわれてしまった」と (Habermas 1985＝1995: 177)。

しかし、水嶋がすでに指摘しているように、フーコーの「啓蒙とは何か」に対する関心は、晩年になって急に浮上してきたものではない。フーコーは、一九七八年から「すくなくとも三回にわたり『啓蒙とは何か』の読解にとりくんできた」からである (水嶋 1995: 106)。まず、一九七八年の「批判とは何か」という講演、次に、一九八三年一月のコレージュ・ド・フランスにおける「啓蒙とは何か」という講義、そして同年秋のカリフォルニア大学バークレー校における「啓蒙とは何か」という講演である (Foucault 1990; 1994, No.351; 1994, No.339; Sulga 1986)。

しかし、実際には、フーコーは、もっと早い時期からカントに注目し、その思想に「裂けめ」(ouverture) を見いだしている。フーコーは、すでに一九六三年の「侵犯への序言」において、カントの哲学にニーチェ的な批判の契機を見いだしている。すなわち「［ニーチェ的な批判］の由来をたどるなら、おそらくそれは、カントがあいまいな方法で形而上学の言説と私たちの理性の限界についての考察とを結びつけたときに西欧哲学にもたらした裂けめといえるだろう。しかし、カントは、その裂けめを、みずから人間学的な問い［超越論的主体による問い］の内部に閉じこめ、この問いのなかに、すべての批判的解釈を回収してしまった」と（Foucault 1994, No.13: 239＝1998–2002, No. 13: 312–3）。

こうしてみると、ハーバーマスのように、フーコーを死ぬ間際に自説を放棄した転向者と扱うべきではないだろう。いいかえるなら、フーコーは、若気のいたりでカントを厳しく批判し、老成してからカントを恭しく賛美したのではあるまい。一九六四年にフーコーが「［カントにおける］批判的思考と人間学的反省との関係については、のちの著作で考察することになるだろう」と予告しているように（Foucault 1994＝1998–2002, No.19: 16）。したがって、重要なことは、カントのなかに同居しているニーチェ的な批判と人間学的な思考の関係を明らかにすることである。

## 2　裂けめをふさぐ人間学

### †戦略拠点としての裂けめ

フーコーが語るカントの「裂けめ」に注目してみよう。カントの「裂けめ」は、さきにふれた、理性が理性の限界を問うときに、すなわち、理性は理性を知りうるのか、と問うときに、そこに現れるアポリアである。それは、普遍的で完全であるように見える理性概念がはらんでいるパラドクスであり、閉じているように見えるものに穿たれている開口すなわち出口である。フーコーにとって、こうしたパラドクス、開口／出口としての「裂けめ」は、理性が追い求める普遍性というドグマから理性が逃れるための、そして主体をただ前提にする現実を変えるための闘争が開始される拠点であった。

しかし、フーコーにとっては、経験的／超越論的な二重体を設定したカントの人間学は、理性が理性を問うという理性の「裂けめ」をふさいでしまう蓋である。カントの人間学は、「裂けめ」の向こうに見える外を超越論的に「思考できないもの」に回収してしまうからである。フーコーにとって、「裂けめ」の向こうに見える理性の外は、超越論的に「思考できないもの」ではなく、「アクチュアリテ」（actualité）に開かれている。そして、後述するように、このアクチュアリテこそが、フーコーがカントの「啓蒙とは何か」に読みとったニーチェ的な批判の起点である。フーコーは「私が、カントのこのテクストにおいてはじめて登場していると思う問いは［ニーチェ的な批判につらなる］現在についての問い、アクチュアリテについての問いである」と述べている（Foucault 1994, No. 351: 679）。

### †フーコーのアクチュアリテ

フーコーが用いている actualité という言葉は、翻訳しにくい言葉である。フーコー研究者であるエヴァルト（Ewald, François）は、一九九七年に「フーコーとアクチュアリテ」という論文で、フーコーの用いる actualité という言葉に、「現在の情況」「現実の情況」という意味だけでなく、「現実への関与」（actuel/relevant）という意味を見いだしている（Eward 1997）。ちなみに、同論文は、英語にも翻訳されているが、その英語論文では、actualité にあたる言葉として、actuality とともに、contemporary scene/current situation が用いられている（Ewald 1999: 81, 85）。

しかし、私は、エヴァルトよりももう一歩踏み込んで、フーコーのアクチュアリテの意味するところを理解したい。というのも、エヴァルトの「現在の情況」「現実の情況」「現実への関与」というアクチュアリテの理解は、フーコーがアクチュアリテをレアリテから区別していたことを充分に反映したアクチュアリテの理解ではないのではないか、と思うからである。のちほどたちかえるが、今、端的にいえば、フーコーのいうアクチュアリテは、理不尽な情況に苦しめられ、助けを求めている声に応えるという応答性（responsibilite）をふくんでいるのではないか、と考えるからである。

というのも、フーコーが生涯にわたり企図しつづけた批判は、普遍性を標榜する理性に裏打ちされた批判ではなく、この他者への応答に裏打ちされた批判であった、と考えられるからである。このような考え方の妥当性についてものちに確認するが、さしあたり、フーコーは、理性を「審級」（instance 裁判官）と位置づけるカントとちがい、理性、批判を、いわば司法的に意味づけていない、と述べておきたい。フーコーは次のように述べている。「批判とは、結論を演繹するための前提であってはならない。……批判の言葉は、闘う人のための、つまり現実（realité）の在りように抵抗し、それを拒否する人のための道具でなければならない」と。いいかえるなら、「批判は、法［＝理性］のための法［＝理性］を宣告することであってはならない」と（Foucault 1991: 84）*。

＊　ちなみに、一九七七年にフーコーは、死刑制度をめぐる鼎談の最後で、次のように述べている。「裁判官が不安から解放され、自分は何の名において判決を下しているのか、いかなる権利によって、だれを、いかなる行為を裁くのか、そして自分、判決を下している自分はいったい何者なのか、そういった数々の疑問に悩むことから逃れ、ただただ裁決にたずさわりつづけること、そうした情況を黙認することは危険なことではないのか」と（Foucault 1994＝1998–2002, No.205: 408）。

## 3　声に応えるというアクチュアリテ

### †声に応えること

さて、権力の関係を批判しつづけたフーコーは、たとえば、メルキオールのような批評家から、冷笑的に批評されてきた。「人間は、権力の外にも出られるはずがない」と。そもそもフーコー自身が何らかの言説、権力に囚われているからであり、たとえば、著名な大学の教授として、著名な思想家として、何らかの権力を行使しているからである、と（Merquior 1985）。

＊　ちなみに、ネグリ／ハートも『帝国』において、フーコーのいう批判は不可能であると論じている。近代性の内部でもなく外部でもないような境界線上というものは消え去ってしまった。なぜなら、現代は「帝国」が蔓延している時代だからである。巨大な資本制経済システムとしての「帝国」はたえず外部を生産し、それをたえず内部化する運動だからである、と（Negri/Hart 2000＝2003）。

メルキオールに見られるようなフーコー批判は、フーコーが前提にしているアクチュアリテの重要性を看過している。フーコーにとって、権力への批判を可能にしているものは、カント的な「人間」の超越論的主体性ではなく、危機的な情況下にあって、この〈私〉に呼びかける他者の声に応えるという、人間ないし命ある者に固有なアクチュアルな態度だからである。

たとえば、一九七九年にフーコーは、ある革命（の失敗）をめぐり、他者の声に応答すること、他者に呼びかけることの重要性について、次のように語っている。

「私は『蜂起はむだだ。何をやっても同じことだ』という者に賛成しない。……反抗することが得なのか、損なのか、こんな問いには答えないことにしよう。人は蜂起する。これは一つの事実だ。……だれかの声に耳をかたむけ、いわんとすることをわかろうとすることに意味があるのは、そうした声が存在すること、これを黙らせようと執念を燃やす者が存在すること、それだけで充分である」（Foucault 1994, No.269: 793＝1998–2002, No. 269: 97–8）。

フーコーにとって、ある人が他者の声に応えること、いいかえるなら、ある力が他の力に応答・呼応しそれに関係・関与することは、人という命ある存在の基本的な事実である。他者への応答・呼応は合理的計算を超えている。人は、だれかを助けるために、勝てそうにない相手にすら、果敢に戦いを挑む。その瞬間は、存在一般の匿名性と普遍概念の非人称性が断ち切られ、ここにいる〈私〉が登場し、そこにいる〈あなた〉が経験され、いささかなりとも世界に波風が立つ瞬間である。フーコーは「こうした［蜂起し呼応する］声があるからこそ、人びとの時間は、進化という形態ではなく、まさしく［悲劇や喜劇、迂回や挫折に満ちた］歴史という形態をとっている」という（Foucault 1994, No.269: 793＝1998-2002, No. 269: 98）。逆に、他者の声に応答・呼応しないことは、何らかの合理性に埋没し、アクチュアルに応答・呼応する「力としての自己」を看過することである、と。

フーコーは、自分の本が、他者へ呼びかける「声」、他者に応える「声」になることを望んでいた。一九七七年に、フーコーの本を読んだ囚人たちが、不当な扱いに抗議し暴動を起こしたように。フーコーは次のように述べている。「私は、自分の展開する議論に反するだろういくつかのことを無視したかもしれない。しかし、私の本は、人びとの狂気の見方に影響を与えた。そしてそうだからこそ、私の本や私の展開したテーゼは、今日の現実（realité）における一つの真実をふくむことになる。……私の本の真実は、未来のなかにあればいいと思う」と（Foucault 1994, No.272: 805＝1998-2002, No.272: 114-5）。

### †アクチュアリテへの態度

したがって、フーコーのアクチュアリテは、衝迫的に新しい言動を喚起するものであるといえるだろう。「私はいつも何かすることで、たとえそれが現実のほんの小さなことでも変化させずには――つまり狂気にかんする本を書くことで、私たちの現実のほんのさいな部分を変形したり、人々の観念を変えたりせずには——いられないのである」(Foucault 1994, No. 272: 803＝1998–2002, No.272: 112)。いいかえるなら、アクチュアリテは、だれかによって問われている今・ここの情況、私を心情的に強く突き動かす情況、すなわち新しい〈私〉を生成する契機である。ドゥルーズは、フーコーのアクチュアリテについて、次のように生成の様相を強調している。

「フーコーにとって重要なものは、現在（présent 現実）と、アクチュアルなこと（l' actuel）との、違いである。新しいこと、興味をかきたてること、それがアクチュアルなことである。アクチュアルなこととは、私たちが今そうであるものにとどまることではなく、あらたに生成すること、私たちが生成していること、つまり〈他なるものになること〉、私たちが〈他なるものに生成すること〉である。反対に現在は、私たちが今そうである状態であり、したがって［あらたに生成した瞬間に］私たちがすでにそうであることをやめている状態である」(Deleuze/Guattari 1991: 107＝1997: 161)。

さかのぼれば、一九六九年の『知の考古学』で述べられているように、フーコーの「考古学」を可能にしていたものも、このアクチュアリテであった。フーコーは、そこで、私たちは「集蔵体」(archives＝歴史的・地理的な広がりをもつ社会・文化の総体）を把握することができないが、その「集蔵体」を記述し、私たちのアクチュアリテを生みだすとき、私たちは、その外に向かう足場を見いだすことができる、と述べている。

「集蔵体の分析は、特権的領域をふくんでいる。その特権的領域は、私たちの身近にありながら、私たちの言説から区別される私たちのアクチュアリテである。このアクチュアリテは、時間をふちどるもの、私たちの現在をとり巻き、そのうえに現れ、他であるもの（Altérité）を示すものである。それは、私たちの外、私たちを確定する界域の外である。集蔵体の記述は、この外にかかわることで、私たちがまだ所有していない言説から出発し、多様な可能性（およびその領域）を拡大するのである」（Foucault 1969a: 172＝1995: 201 訳文変更、傍点引用者）。

フーコーの権力（権力の関係）への批判は、普遍性についての問い、合理性への希求、たとえば、形式論理学的な整合性への希求から、始まるのではない。それは、「現在についての問い、アクチュアリテについての問い」から、始まる。「今日、いったい何が起こっているのか。今、何が起こっているのか。私がこの原稿を書いているこの今とは、いったい何なのか」という、「今ここ」への問題関心が、フーコーの権力への批判の起点である（Foucault 1994＝1998–2002, No. 351: 173）。

### †カントの現在への態度

フーコーがカントの啓蒙論に注目したのは、カントが人間を、普遍性への関係においてではなく、

「現在」への関係において、問題にしているからである。フーコーは「［カントの］啓蒙の分析は、啓蒙を人類の成熟の状態への移行と定義することによって、全体の運動とのかかわりにおいて、およびその基本的な方向とのかかわりにおいて、現在を位置づけている」と述べている。カントの啓蒙論は「この現在において、各人が全体のプロセスに一定の仕方で責任をもっていることを示している」と。つきつめていえば、カントの啓蒙論は「カント自身の反省であり、自分の［哲学的］企てが現在に対していかなる意味をもっているのか、についての反省である」と（Foucault 1994: No. 339: 567–8）。なるほど、哲学者が自分の企てをふりかえり、その意味、理由を語ることは、これまでになかったわけではない。しかし、カントの啓蒙論は、これまでの哲学者よりも切実に現在に対峙している。

「私の考えるところでは、一人の哲学者が、このように密接かつ内容的に、認識にかんする自分の仕事がもつ意義と、歴史についての省察と、自分が書くべきときだから書くという特異な時点についての分析、この三つを結びつけたのは、カントが初めてであった。私の思うところでは、歴史における差異としての今日、固有な哲学的使命を動機づける今日、こうした今日についての反省こそが、このテクストの新しさである」（Foucault 1994: No. 339: 568）。

しかし、カントのこうした「現在」への態度は、フーコーの「アクチュアリテ」への態度の原型ではあるが、それと同じものではなかった。カントは、フランス革命を契機に、そのアクチュアリテへの態度に、カント自身の言葉でいえば、「熱狂へといたるような熱望の共感」（第3章参照）に近づきながら、超越論的主体性を語ることで、みずからそこから遠ざかってしまったのである。

## 4　啓蒙論への批判

### ✝モデルニテ

フーコーは、自分のアクチュアリテへの態度を「モデルニテ」（Modernité 現代性・近接性）と呼んでいる。フーコーのいう「モデルニテ」は、「プレモダン」「モダン」「ポストモダン」といわれるときの、時代区分としての「モダン」（近現代）ではない。それは、「今ここ」の情況に対する「一つの態度」であり、一つの「アクチュアリテに積極的にかかわるという在り方」である（Foucault 1994: No. 339: 568＝1998–2002, No.339: 12）。

アクチュアリテへの態度としてのモデルニテは、「永遠なる何かを、今ここのこの瞬間の彼方に求めたり、その背後に求めたりすることではなく、［応答が求められている］その瞬間をとらえることである」。こうしたモデルニテは、時間の流れを追うだけの「流行」からも、区別される。「それは、アクチュアルな瞬間において「英雄的なもの」をつかみとることを許すという態度である」。いいかえるなら、「モデルニテとは、逃げ去る現在についての鋭敏な感性にかかわることではなく、その現在を英雄化する意志である」（Foucault 1994: No. 339: 569＝1998–2002, No.339: 12）。

とはいえ、アクチュアルな態度としてのモデルニテは、現実を無視したり破壊したりすることで、「いまこそがすべて！」といわんばかりに、現在（「今ここ」）を神聖化することではない。それは、問題化された現実を変容させるためにその現実に参入し、そこで自由の営みを具体的に実現することである。したがって、そこには「現実の真実と自由の営みとのあいだで、熾烈なせめぎ合い」が生じる。いいかえるなら、現在を英雄化する意志とは、「現実を、それとは異なるものとして想像する衝迫（passion）であり、現実を破壊するのではなく、現実を変形しようとする衝迫」である（Foucault 1994: No. 339: 570＝1998–2002, No.339: 14）。思い出されるのは、ホラティウスの『詩集』（第一巻第一一歌）に歌われている言葉、「カルペ・ディエム」（Carpe Diem「今日一日の花を摘みとれ」）である。

ともあれ、このようなアクチュアリテへの態度としてのモデルニテは、自己創出的な自己との関係をふくんでいる。それは、たとえば、ボードレールのダンディズムのような「禁欲主義」である。それは、あるがままの自分を受け入れることではなく、自分自身を複雑で困難な自己創出の対象と見なすことである。「人間を人間存在へと解き放つこと」ではなく、何らかの情況を生きぬくために「人間を自分自身をつくりあげるという使命に縛りつけること」である（Foucault 1994: No. 339: 571＝1998–2002, No.339: 15）。それは、自分を拘束する実践的な装置に埋もれ、いいわけをしながら、そのうちにとどまることではない。

前章で確認したように、フーコーは、人間の存在を「諸力の関係」という闘争状態と見なしているが、彼にとっての基本的な闘争は、アクチュアルな態度と反アクチュアルな態度との闘争であった、といえるだろう。それは、今ここの情況に具体的・倫理的に応答しようとする一人称的態度と、規約的な正当性、法律的な一般性、経済的な実利性を指向し、応答の衝迫を生みだす情況を看過する三人称的態度との、闘争である。フーコーは、自分にとって重要なことは、「過去二世紀にわたりさまざまなかたちで歴史に登場してきた……モデルニテの態度が、さまざまな反モデルニテの態度とどのように闘争してきたのか、その様子を確かめること」であったと述べている（Foucault 1994: 571, 569＝1998–2002, No.339: 15, 12）。

**†哲学的なエートス**

フーコーは、こうしたアクチュアリテへの態度、モデルニテの態度を、「哲学的なエートス」と呼んでいる。それは、歴史的現実に対する「歴史的存在としての私たちの不断の批判」であり、フーコーにとっては、この種の批判は、私たちの哲学の歴史において繰りかえし活性化されてきた営みである（Foucault 1994: No. 339: 572＝1998–2002, No .339: 16）。フーコーは、この「哲学的なエートス」は歴史的現実に対して「否定的な特徴」と「肯定的な特徴」をもっているという。

哲学的エートスの否定的な特徴は、それが、現実を「拒絶するという態度ではなく」、現実の「限界点に立つという態度」（attitude limite）を生みだすことである。それは「外と内の二者択一を脱し、その境界に立つこと」である。その「境界」は、人がアクチュアルであるときに、他者の声に応答するときに生じる「特異的・偶然的・恣意的な時点である」（Foucault 1994: No. 339: 572＝1998–2002,

No.339: 19)。それは、超越論的主体のもうける、思考できるものと思考できないものというの経験論的な境界ではなく、すでにある歴史的現実とこれから生じることとという存在論的な境界である。

　哲学的エートスの肯定的な特徴は、それが、実際に現実を変えうるような批判を生みだすことである。「大事なことは、必然的な限界の確定として行われる［合理的な］批判を、可能的な越境として行われる実際的な批判に変容させることである」(Foucault 1994, No. 339: 574＝1998–2002, No. 339: 19–20)。このような「実際的な批判」は、私たちの行動・思考・言表を「分節化」(フォーマット)している言説を局在的・歴史的な事象としてあつかい、その局在性・歴史性を示すことであり、私たちが今のように行動し思考し言表するのではないような、別の行動・思考・言表の可能性を抽出することである、とフーコーは述べている。

> 「批判は、普遍的な価値をもつ形式構造を求めて行われることではなく、私たちが行い・考え・言うことの主体として私たちを構成し、主体として承認するようになった経緯であるさまざまなできごとを、歴史的に調査することである。その意味で、批判は超越論的な営みではないし、形而上学を可能にするような［普遍性の探究という］目的をもたない。……批判がめざすところは、自由の無限定な営みを可能なかぎり遠くまでのばし可能なかぎり広く行うことである」(Foucault 1994: No. 339: 574＝1998–2002, No. 339: 19–20　傍点は引用者)。

### †批判的研究

フーコーにとって、このような「哲学的なエートス」にもとづく批判は、思いつくままに行われる研究ではなく、「固有な課題」「同質性」「系統性」「一般性」をもつ研究でなければならなかった。

第一に、この批判的研究が担うべき「固有な課題」は、「技術的な諸能力の増大、権力の関係の強化、これらの関係を断ち切る可能性をさがすこと」である。第二に、この批判的研究の対象は「同質的」でなければならない。すなわち、技術的でありまた抵抗的である「実践的な総体」と呼ばれるような研究対象を設定しなければならない。その技術的な側面は「行為の諸様態を組織している合理性の諸様態」であり、その抵抗的な側面はその合理性のなかで「人びとが行動するときの自由」である。第三に、この批判的研究の問いは「系統的」でなければならない。問われるものは事物を支配する知、他者に作用する権力、自己を構成する倫理であり、事物を支配する知は他者に作用する権力を経由し、他者に作用する権力は自己を構成する倫理をともなっている。第四に、この批判的研究は、臨床医学や監獄のような、限定された時代・場所における素材について行われるが、その射程は「西欧社会一般」に及ぶものでなければならない（Foucault 1994: No. 339: 575–7 = 1998–2002, No.339: 21–24）。

フーコーは、真の自由の実現可能性を具体的に見いだすためには、超越論的主体性に頼らない、たゆむことなき、聖域なき批判こそが近道である、と考えていた。「私は、今日、批判的な営みが啓蒙の光への信仰をともなうべきであるのかどうか知らない。私が考えていることは、批判的な営みが私たち自身の限界を明らかにする仕事を必要とするということであり、忍耐づよい仕事を必要とするということであり、そうした仕事こそが、自由を待ちのぞむ性急さに具体的なかたちを与えることができるということである」（Foucault 1994: No. 339: 578＝1998–2002, No.339: 24–5 傍点は引用者）。

一九八四年、おそらく死を覚悟していたフーコーは、自分が「たえず生成する力」でありたいと願ってきた、と語っている。「私はモラリストである。人間存在の務めの一つ、人間存在の意味の一つ――つまり人間の自由の源泉――は、けっして何ごとも決定的で不可侵なもの、まったく明らかに不動なものとして受け入れないことであると、私が信じているからである」と。そしてこのとき、フーコーは、自分のモラルを「拒絶、驚異、変化」と定義している（Foucault 1988a: 1）。すなわち、暴力を拒絶すること、驚異を愉しむこと、そして変化を意思することである、と。

暴力を拒絶し、驚異を愉しみ、変化を意思することは、倫理的な闘士の生きざまである。フーコーの親友だった歴史学者のヴェーヌ（Veyne, Paul）は、一九八六年にフーコーを「戦士」（warrior）と呼び、二〇〇八年の著作においては「サムライ」と呼んでいる。「［フーコーは］普遍性を要求しないモラリテ［である］。フーコーは塹壕のなかの戦士である。［社会学者の］ジャン・クロード・パスロンが私によくいっていることであるが、戦士とは真理に支えられていなくても戦い、彼の味方も彼の敵も知っている。そして、自分を保護するために自分を正当化することなく、闘うに充分な力をもっている」と（Veyne 1993: 2）。そして、二〇〇八年の『フーコー』においては、ヴェーヌは、フーコーを「サムライ」と呼んでいる。「コップ」が近現代で、コップのなかの「金魚」が近現代人だとすると、フーコーという「懐疑者は、コップの外の観察者であり、かつ中の金魚である。しかし、この二重性を嘆かなくてもいい。……フーコー、この痩身で、華奢で、繊細な人物は、引き下がるということを知らないからであり、あたかも剣士のように、鋭利なペンをふるうからである。その意味で、この本は、サムライと金魚についての本だ、といってもよいだろう」と（Veyne 2008: 11）。

それにしても、フーコーを闘士ないし戦士にしてきたものは何か。人間のなかに理不尽な暴力と闘う力を生みだすものは何か。人をアクチュアリテに積極的にかかわらせる契機は何か。こうした問いは、章を改めて問うことにしよう。ここでは、これまでの確認によって浮き彫りになるだろう、フーコーのカントに対する、いわば、無言の態度、寡黙な区別を、あえて言葉にしてみよう。

## †カントの啓蒙論への批判

カントの啓蒙論は、フーコーのアクチュアリテと親近的であるが、それから区別されなければならない。カントの啓蒙論は、フーコーのアクチュアリテの本態をふくんでいないからである。カントの啓蒙論は、超越論的主体性という、神意に類比される「理性」に基礎づけられているが、フーコーのアクチュアリテ論は、具体的な他者への応答、他者の声という具体的な事実にもとづく「応答」に喚起されるものである。人間像についていえば、カントの人間は、理性に基礎づけられた自律的個人であるが、フーコーの哲学的人間は、具体的な他者に共鳴する応答的存在である。

いいかえるなら、フーコーの「哲学的なエートス」は、カントの「哲学的なエートス」とちがい、主体という経験的／超越論的な二重体によって担われるものではなく、「外の思考」ないし「諸力の関係」によって担われるものである。フーコーの「哲学的なエートス」は、主体性の外、有用性の外をめざす生のダイナミズムと一体である。フーコーは、カントが語る主体的な批判は、結局のところ、支配体制を解体する批判とはならない、と考えていたのではないだろうか。

「［カントの］論文は、啓蒙とは、人間が、いかなる権威にも屈することなく、自分の理性を使用する契機である、と述べている。しかし、まさにこの契機においてこそ、批判が必要である。なぜなら、批判とは、理性の使用が正当であると見なされるような諸条件［エピステーメ、権力テクノロジー］を確定することだからであり、その諸条件が、人間が知りうるもの、行うべきこと、望みうるものを決定するからである」(Foucault 1994, No. 351: 567)。

ともあれ、フーコーは、「啓蒙とは何か」において、自分の批判の思想史的素描を試みた、といえるだろう。フーコーは、自分の批判的思考が、どのような意味で近代的思考に類似しているのか、そしてどのような意味でそれから区別されるのか、自己点検を行った、といえるだろう。フーコーはそこで、カントを「人間学のカント」と「啓蒙論のカント」に分け、「人間学のカント」を否定し「啓蒙論のカント」を肯定しているのではない。「啓蒙論のカント」は、「人間学のカント」に比べるなら、現在への態度をふくむという意味で、フーコーの批判に近いが、それでも、フーコーから区別されなければならない。カントの現在への態度は、フーコーのアクチュアリテへの態度と、区別されるからに対する批判者である。フーコー自身の言葉を引用しておこう。

「啓蒙の遺産がそのままに、すこしも損なわれることなく守られることを求める人びとの信仰は、そのままにしておこう。そうした信仰は、いうまでもなく、裏切り行為が示すもっとも感動的な光景である。保存しなければならないものは、啓蒙の残骸ではない。……この〔啓蒙という〕できごと、その意味に対する問い（〔啓蒙〕という普遍性を語る思考の歴史性への問い）、それが、つねに精神のうちに生みだされなければならない思考であり、つねに保持されなければならない思考である」(Foucault 1994, No. 351: 686–7)。

いかに「私たちのアクチュアリテとは何か」という問いが、カントの啓蒙論に由来し、「ヘーゲル、ニーチェ、ウェーバー、そしてフランクフルト学派にいたる哲学の形態であり、私がやろうとしてきた考察の形態を基礎づけたもの」であっても、である (Foucault 1994, No. 351: 687)。

# 5　教育のアクチュアリテ

## †教育のアクチュアリテ

フーコーの批判論を支えているアクチュアリテは、人間の言動を語るうえで、重要である。教育にひきつけていえば、教師は、いつも、どこかで、子どもたちのアクチュアリテに応答している。その伏し目がちな表情に子どもの声にならない声を聴きとり、その快活さのうしろに子どものかかえている屈折を読みとる。その言いよどみのなかに言葉にしがたい思いを感じとり、その饒舌な話しぶりに不安定な心を見いだす。ときに、子どもからうっとうしいといわれながら。

教育実践にしばしば見いだされる、教師のアクチュアリテへの態度は、社会学者の見田宗介がいう「教育の言葉の鮮度」をささえている。見田が述べているように、「子どもってほんとにすばらしい」「先生ありがとう」といった言葉は、そうした言葉だけをとりだしてみるなら、たしかに「気恥ずかしくなる」が、「[そうした]言葉は、それが思わず生みおとされるその固有の場所のなかでは、それぞれ一回かぎりの、真実の言葉なのである」。しかし、そうした言葉も、その言葉が生きている『関係の海』の中から言葉として釣り上げられるとき、たとえば『子どもはすばらしいのです』という観念の一般性として抽出され、流通するとき、それは『教育くさい』言説として」、いいかえるなら、私たちの多くを「へきえきさせる特有のにおいを発散しはじめる」(見田 1995: 1958)。

問われるべきことは、こうした概念化に、教育を批判する教育学者が荷担することである。教育を批判する教育学者は、しばしば「人間的なもの」「直接的なもの」という言葉で、教育実践を批判するが、そうした批判そのものが、教育実践の矮小化であることに気づいていない。たしかに、抽象概念に頼って教育者のアクチュアリテへの態度を見過ごすことは、教育の言説をうさんくさいものにしてしまうが、教育の言葉使いにこだわるだけでは、深い子どもへの想い、人間への想いを語ることはできない。「人間的なもの」「直接的なもの」といった抽象概念で教育を概括し論難することは、そうした言葉でしかすくいとれなかった想い、すなわち教育のアクチュアリテを看過することだからである。教育の営み全体が「教育くさい」のではない。教育社会学であれ、教育学であれ、教育を語る言説が粗く貧しいからこそ、教育の営み全体が「教育くさく」感じられ、教育の営みにふくまれているもっとも大切なものが看過される。

ようするに、教育の言葉が鮮度を失い、なんともうさんくさい美談に堕ちるのは、具体的な他者への応答としての気遣いを、抽象化された重金属的な概念の意味によって、あるいは道具化・手法化された常套的な言語表現によって、無遠慮にすりつぶすからであり、かつその事実に気づかないからである。教育の実践家であれ、教育の研究者であれ、他者への応答にかかわらない価値概念、常套句によって教育を記述することは、教育のアクチュアリテが喚起する私たちの「哲学的なエートス」を看過することにつながり、その「哲学的なエートス」と一体の批判を見失うことにつながるだろう。それは、人が生きることからの離反であり、もっともっともらしく見える教育への裏切りである。

## †教育の台座とは何か

教育のアクチュアリテは、価値概念、常套句だけでなく、教育の機能、教育の方法によっても隠されてきた。とりわけ、新リベラリズム、さかのぼるなら、人的資本論に行きあたる教育の新リベラリズムが語る教育の機能、教育の方法は、人間を資本のメタファーでとらえ、人間を有用性の手段として意味づけ、その固有性、その存在を忘却している。そこでは、親の子どもへの愛は、子どもへの投資の大きさによって評定され、人の他者への愛は、他者がもたらす収益の大きさによって選択され、また放棄される。そこでは、合理性は、多くの便益、収益を人びとにもたらすものであり、人間を物象化し、個人の固有性、子どものかけがえのなさを看過するという危険性を考えることではない。

こうした収益重視の教育論は、近現代社会の産物である。近現代社会が、資本主義に支配されているからというよりも、ますます機能的に分化していく社会であるからである。私たちが手にする家電製品がますます複雑になっていくように、そして便利になっていくように、近現代社会は、人間に、より大きな、より速やかな、より精妙な問題解決能力を求めているからである。それは、社会学者のバウマンがいう「リキッド・ライフ」の実相である（Bauman 2005）。収益重視の教育論は、こうした機能的分化が資本制経済と一体に進行しているために、収益重視として現れた言説の一つである。

しかし、こうした収益重視の教育論よりも、もっと重要なことがある。それは、教育という営みがある生の様態のうえに成り立っている、という見えにくい事実である。たとえば、「自律、成長、協いて、協同」を重視する教育方法も、ただ子どもの自発性にまかせておいたり、協同学習を技術的に支援していれば、実現するというものではない。「自律、成長、協同」の教育方法は、ある存在論的な生の様態によって、はじめて存立可能になるからである。第6章の課題は、フーコーの倫理論に注目することで、こうした教育の様態を可能にする存在論的な生の様態、より精確にいえば、「自律、成長、協同」の教育方法を可能にする存在論的な土台を明らかにすることである。

# 第6章　フーコーの倫理論：ハイデガーと関係性

*Foucault on Ethics: Heidegger and Relatedness*

本章の課題は、フーコーの倫理論の基本を、ハイデガーの存在論をふまえつつ、描きだすことである。ここで確認されることは、他者との心情的な関係が、人の自由、そしてそれと一体の倫理的実践を可能にすることである。その意味で、他者との関係性は、直接的に子どもの成長を加速・援助する方途ではないが、間接的に子どもの成長をささえる基礎である。力概念に注目していえば、一九七五年以前にフーコーが強調してきた力概念は、ニーチェ的な多様性指向の力であるが、一九七五年以降のフーコーが主題としてきた力概念は、ハイデガー的な他者との関係性に支えられた力である。フーコー自身は、例示していないが、友愛のように肯定的な関係性だけでなく、子ども虐待のような否定的な関係性においても、倫理的実践の一端を見いだすことができる。そこでは、良心の表れとしての不安が、自分を変えようとする自由とわかちがたく結びついている。端的にいえば、「外の思考」「脱主体化」は、他者との関係性によって喚起される、といえるだろう。

# 1　倫理の存立条件

## †安全性確保の強迫?

現代社会では、さまざまな種類の評価をつうじて、生活のさまざまな局面で、さまざまなリスク（危険性）が問題視されている。同時に、そうしたリスクを排除するために、物理環境的な安全を確保することが法的に求められている。たとえば、カリフォルニア州法は、海岸にガラスコップを持ち込むことを禁じているし、クルマに六歳以下の子どもを一人で残すことを禁じている。さらに、アメリカの多くの州法は、クルマのなかでカーナビ以外の動画を見ることも禁じ、自分の車であっても、未成年者が同乗している場合、未成年はもちろん成年の喫煙も禁じている。

このように、日常生活における物理環境的な安全性確保が法的にことこまかく規定されることは、人間の倫理的な能動性を実質的に低下させることになるだろう。というのも、さまざまな法律、社会規範による禁止によって、これまで個々人のモラル、良心、理性によって守られるべきであると考えられてきたことが、実質的になくなっていくからである。いいかえるなら、それは、リスクが第三者によってことこまかに列挙され、かつ外からの予防策がことこまかく配置され、人びとが、そうした「リスク管理システム」に評価され依存する状態におかれるからである。

ここで思い出されることは、一九六九年のフーコーの次の言葉である。「今日、私たちをゆさぶっている轟きのなかに、私たちは、ある世界の誕生を感じとらなければならないだろう。そこにおいては、もはや主体は、統一的ではなく分割的であり、主権者ではなく依存者であり、絶対的な起源ではなく限りなく変容する機能になっているといえるだろう」(Foucault 1994, No. 68＝1998-2002, No. 68: 222)。フーコーのいう「私たちをゆさぶっている轟き」とは、「新リベラリズム」のような有用性指向、収益率思指向の言説とともに、現代社会のリスク管理システムが次々につくりだす規則の音であり、その規則にのっとって配慮を旨とするリスク管理システムが日々肥大していく音である。

### †自己管理的な自己の形成

人間の倫理的な能動性、自律的な倫理性は、すくなくとも、自分で自分の行為・思考・情動といったものを反省し、よりよい状態をつくりだそうとする営みをふくんでいるはずである。さしあたり、そうした営みを「自省性」と呼ぶとするなら、リスク管理システムは、自省性の縮減とともに、規則随順性の肥大を生みだす、といえるだろう。いいかえるなら、リスク管理システムは、何らかの機能システムによって「正しい」と認定されている行為・思考に、自分を追い込まざるをえないような――自己解放的な自己の対極にある――自己管理的な自己を形成する、と考えられるだろう。

たとえば、近年の過労死研究によれば、日本の過労死は、仕事に対する自分の裁量権の大小にかかわらず、生じている。一九八〇年代に「カラセック・モデル」と呼ばれた、過労死の生じやすい条件は、①要求される仕事内容が高度である、②仕事に対する自分の裁量権が小さい、③仕事に対する他者の支援度も低い、の三つであったが、今の日本では、②の条件が成り立たなくなっているという（大野 2006）。これは、労働者が企業組織が「正しい」としている行為・思考に自分を追い込み、仕事を減らせるのに減らそうとしない、という情況の広がりを意味している。

もしも、こうしたリスク管理システムに随順する自己管理的な自己の形成が広がっているとするなら、現代社会は、二〇世紀初期のアメリカで考案された「社会統制論」（social control theory 社会管理論）が求めたものを、教育による従順なパーソナリティ形成によってではなく、生活全般にわたるリスク管理によって達成しつつある社会、といえるだろう。いいかえるなら、一人称の固有的で心情的な内面性が退けられ、非人称的で予防的で子細な規則群が充満していく社会である、と。すくなくとも、企業経営や公共政策において「リスク・マネージメント」という言葉が流布するとともに、倫理的能動性が衰微する可能性も高まるという危険性は、指摘されるべきだろう。

### †フーコーの倫理論

さて、こうしたリスク管理システムの肥大にともなう自己管理的な自己形成の生成は、ともすれば、自己解放的な自己形成論を呼びさますだろう。そして、そうした試みにとって、晩年のフーコーの自由論は、格好の素材に見えるかもしれない。フーコーは、晩年において個人の「自由」こそが「倫理的実践」の礎であると論じているだけでなく、プラデュー（Pradeau, Jean-François）が詳細に跡づけているように、初期から晩年にいたるまで、「自由」をめざす「倫理的実践」として政治的活動を行っていたからである（Pradeau 2002）。「すべてが管理されている」という閉塞感・無力感、退屈・倦怠が生みだすシニシズムに抗すること、「生存の美学」としての「自由の実践」こそが、フーコーが近現代社会に求めた倫理的実践である、といわれるかもしれない。

しかし、ここで私がフーコーを引きながら述べたいことは、そうしたリスク管理社会に対する「生存の美学」「抵抗の美学」ではない。フーコーの倫理論にふくまれている他者との心情的な関係である。いいかえるなら、自由のなかで倫理的実践をおこなう個人が他者との心情的な関係に存在論的に支えられていることである。フーコーの関係論を語ることは、「抵抗の美学」なるものをフーコー・シンパから学んだり教わったりする営みのかわりに、いわば、近代教育的な営みのかわりに、そうした営みを可能にしている、人間の倫理的な存立条件を示すことになるだろう。

もう少し分節化していえば、本章の課題は、第一に、フーコーの倫理論が自由に基礎づけられていることを示すことであり、第二に、その倫理論がハイデガーの存在論に類似することを示すことである。そして、第三に、他者との心情的な関係が人が生きていくうえで欠かせない基礎であることを示すことである。こうした確認作業は、直接的に子どもの成長を加速・援助する方途を語ることにはつながらないが、間接的ながら、子どもの生を根本的に支えている基盤を示すことにつながるだろう。

以下、まず、大雑把にいえば、一九七〇年代前半以前のフーコーの力概念を、ニーチェの力概念になぞらえながら確認し、つづいて、一九七〇年代後半以降のフーコーの力概念を、ハイデガーの存在概念になぞらえながら確認したい。最後に、フーコーの倫理概念が感覚としての倫理、つまり倫理感覚であり、それが他者との心情的な関係にささえられていることを示したい。

## 2　非理性の力

### †非理性

さて、おそらくフーコーが最初にニーチェ的な力概念を語ったのは、古典主義時代の「非理性」(déraison) についてではないだろうか。一九六一年に発表した『狂気の歴史』において、フーコーが語った「非理性」は、まぎらわしいが、「理性」によって表象された「狂気」ではない。* 非理性は、文字どおり、理性を欠いているものであり、なるほど、理性に支配された「真の人間」が遠ざけなければならないものであるが、それは「狂気」(異常) と同じものではない。

「狂気」は、理性が理性自体を存立させるために構築した意味内容、語りえるものである。たとえていえば、「狂気」は、理性という光によって浮かびあがる黒い染みであり、理性に還元・回収されない、理性の光があたらないような、闇ではない。理性の語りえない闇こそが「非理性」である。それは、理性の光によって照らされた瞬間に「狂気」に回収されてしまう何かである。フーコーは、近代社会において理性という光が高く掲げられることによって、非理性は「狂気」という闇へと変形され、治療されるか、得体の知れないものとして排除されてきた、と考えている。

理性に支配された「真の人間」は、したがって「狂気」の不在によって構築された概念である。その意味で、フーコーは「人間（l'homme）から真の人間（l'homme vrai）へという道程は、狂気の人間（l'homme fou）を媒介として成り立っている」という（Foucault 1972: 649＝1975: 547 傍点は原文イタリック）。古典主義時代に描かれた「真の人間」は、その言動のすべてが理路整然としていなければならなかった。バロック庭園のように、対称的な体系こそが「理性」であり、「狂気」はこうした対称的な体系性の欠落である。黒地に浮かびあがる白字のように、理性は非理性を踏まえて成り立っている。いいかえるなら、「光が存立可能であるのは、狂気という夜においてでしか」なかった（Foucault 1972: 653＝1975: 550）。そして、ブランショが述べているように、フーコーは「二〇世紀を通じて、非理性は、理性を覆すものとしてではなく、逆に理性の基盤（理性の深淵）として登場し、狡猾にまた密やかに理性の脇役を押しつけられてきた」と考えていた（Blanchot 2000: 2）。

### †非理性の力

フーコーは、こうした非理性のなかに、ニーチェが語るような多様なる力、原生的な力を見いだしている。それは、たとえば、「狂人」「錯乱者」「貧窮者」「浮浪者」「娘みたいな老女」「わがままな子ども」「放埒者」「低能者」「放蕩者」「無信心者」「親不孝者」「浪費家」「遊女」などを突き動かしている力である。フーコーにとって、この力は、一方で理性を脅かす「忌まわしいもの」であるが、他方で理性を鼓舞する「絶対的な自由に満ちたもの」でもある。

フーコーは、一九七七年に発表した「汚辱に塗れた人びとの生」という評論においても、一七世紀

・一八世紀に、パリの「一般施療院」のような、病者・貧者の収容保護施設に着目し、そこに収監された異常者・逸脱者のなかに、そうした非理性の力を見いだしている。

「彼らの不幸、情念、愛憎のなかには、ふつうなら語るに値すると判断されるものにくらべるなら、ぱっとしないありきたりなものがあふれている。とはいっても、彼らの生は、ある種の熾烈さに貫かれている。彼らに生彩を与えているものは、悪意、卑劣さ、下劣さ、頑迷さ、不遇の生みだす暴力、活力、過剰である。そうしたものが、彼らの周囲にいる者に、その凡庸さに応じて、一種の恐るべき、あるいは哀れむべき偉大さという印象を与えている」（Foucault 1994, No. 198＝1998–2002, No. 198: 319　訳文変更、傍点引用者）。

フーコーにとって、古典主義時代の非理性が端的に現れているものが、「悪魔」（悪霊）である。フーコーは、この時代の「悪魔は、厳密な意味で、非理性の可能性であり非理性の力の総体」であり、「人間のはるか彼方において人間が真理に近づくことを決定的にさまたげるような危険性」であった、と述べている（Foucault 1972: 209＝1975: 182 傍点引用者）。悪魔に象徴される「非理性の力」は、人間から区別されながらも、人間と不即不離の関係にあった。悪魔は人間にとり憑くからであり、また人間が悪魔に抵抗するからである。人間は悪魔にとり憑かれただけでは、狂わない。悪魔にとり憑かれた人間が狂うのは、悪魔すなわち非理性の力が人間に介入するとき、人間のなかにその非理性の力に抗する力が生成し、そこに人間を翻弄する「諸力の関係」が創りだされるからである。

一九七五年の講義録で、フーコーは一七世紀から一八世紀にかけての「悪魔憑き」について、次のように述べている。「悪魔に憑かれた女とは、悪魔の支配下にある者である。しかし、悪魔の力は、女の身体に定着し、その奥深くに入り込み、そこに浸透するやいなや、一つの抵抗に出会う。……すなわち、憑かれた女のうちには、まず一方に、悪魔の支配のもとで、もはや彼女自身ではなく、悪魔に完全に操られている審級があり、そして他方に、悪魔に対して自分自身の力を行使したり指導者や聴罪司祭や教会に庇護を求めたりする、彼女自身の審級がある」（Foucault 1999a: 192＝2002: 217）。「［悪魔に］憑かれた女の身体には、多数性が満ちていく。互いに対立する多数の力のもとで、襲いかかり貫く多数の力や多数の感覚のもとで、憑かれた女の身体的なまとまりは、いわば蒸発し、霧散するのである。悪魔憑きの現象全般を特徴づけるものは、善と悪の大いなる抗争ではなく、このような際限のない多数性である」と（Foucault 1999a: 193＝2002: 217 傍点引用者）。

### †脇役ではなく主役

しかし、フーコーは、こうした非理性に見いだされる「力」は、犯罪者や悪魔憑きだけではなく、理性の営みのなかにも見いだされるのではないか、と問いかけている。これは、後年、登場する権力－知の概念の原型といえるだろう。フーコーは、一八世紀の狂気にかんする精神医学的な文献をつぶさにとりあげ、その特徴的な言説をとりだしたあとで、次のように述べている。

「私たちは、狂気を〈自然な秩序にもどす〉という計画が、どのような障害にぶつかったのか、ということを見てきた。あんなにも多くの努力が繰りかえされたにもかかわらず、狂気はけっして人間の合理的秩序のなかに完全に収まらなかった。他の諸力が働いていたからである。その諸力は、精神医学の諸概念という理論的次元と無関係であり、むしろ最後にそれをくつがえすくらいの抵抗の能力を秘めていた。狂気において働いているこの力はいったい何か。そして、理性において狂気を否定する力はいったい何か。……この世界で［理性に］抵抗している力を支えている審級は何なのか。それは、［理性による］狂気の認識と認知において、こっそりと力をふるい、理性を弄んでいるものと、同じ力ではないのだろうか。もしもそれらが同じ力であれば、私たちは、非理性の本質、そして生の力を、狂気の古典主義時代の密かな中心として定義するという立場に立てるのではないだろうか」(Foucault 1972: 265＝1975: 229 訳文変更、傍点引用者)。

すなわち、理性は、非理性を発見し飼い慣らしてきたのではなく、諸力という非理性に、理性は翻弄されてきたのではないか、とフーコーはいう。

フーコーは、少なくとも一九六〇年代においては、フロイトが、この「非理性の力」を、精神分析の言葉で表現しようとした、と考えていた。フーコーは、『狂気の歴史』(一九六一年初版)において、フロイトの「精神分析において重要視されているものは、……近代において心理学が覆い隠そうとした非理性の経験である」と述べているし（Foucault 1972: 428＝1975: 360）、『言葉と物』（一九六六年初版）においては、フロイトの「精神分析は、つねに表象可能なものの空間にとどまる人間諸科学とちがい、表象の彼方へと前進し、表象から有限性［＝生］のほうに乗りだしていく」と述べている（Foucault 1966: 386＝1974: 396）。精神分析がめざす「非理性の経験」「表象の彼方」とは、フロイトが「欲動」「イド」と呼んだものである。

フーコーはさらに、その「非理性の力」の現れを、一九世紀の文学のなかにも見いだしている。フーコーは「一八世紀以降、非理性的な生は、もはやヘルダーリン、ネルヴァル、ニーチェ、アルトーの作品のなかにしか現れなくなった」という（Foucault 1972: 632＝1975: 531）。もちろん、彼らの創作活動は「狂気」と同一ではない。彼らの創作活動は、この世界の時間の流れを中断するという「狂気」の機能を経由しながらも、「一つの空虚、一つの沈黙の時間をつくりだすのであり、世界が世界自身に是非を問いかけなければならない［この世界とその外という］分裂を生みだすのである。その分裂は和解が許されない分裂である」。この「分裂」を生みだすものが「非理性の力」である。その「非理性の力」が、世界の不条理、理性の不条理を照らしだす。創作活動は、狂気がそうであるように、「非理性の力」に支えられている。その意味で、フーコーは「創作活動が存在するところに狂気は存在しないが、狂気は創作活動と同調している」という（Foucault 1972: 663＝1975: 559）。

さて、一見すると、一九七五年以降、フーコーは、こうした「非理性の力」を黙示し追尾することをやめて、あるべき理想的な人間像の探究を始めたかに見える。かつて、若きニーチェが、キリスト教と決別し、古代ギリシアに理想的な人間像を求めかに見えるように。このように、フーコーが目的論に回帰したと考えることが、いわゆる「フーコーの倫理的転回」である。

## 3　歴史的存在論と自由

### †倫理的転回という誤解

なるほど、「沈黙の八年間」と呼ばれる時期の「倫理的転回」以降、フーコーは、たしかに個人の倫理的実践の可能性を語り始めた。しかも、その語り口は、誤解を生みだしやすいものだった。フーコーが、現代社会における個人の倫理的実践の可能性そのものを語るのではなく、『性愛の歴史』の第2巻、第3巻に見られるように、古代ギリシア・ローマ、教父時代のキリスト教にさかのぼり、個人の倫理的実践の系譜を語り始めたからである。そこで語られている古い時代の自己との関係論が、あたかも、フーコーが賛美しようとしている倫理的実践のモデルであるかのように。

「倫理的転回」以降のフーコーは、こうした誤解につきまとわれた。たとえば、オラリーは、古代ギリシアの自己形成論が現代に求められている代替案である、という（O'Leary 2002）。ラクソンは、「パレーシアが私たちに想起させるものは、啓蒙思想家が約束した自由の本質である」といい、それは現代に生きる「個々人が、本質的に誠実であるかどうかを評定する規準である」という（Luxson 2004）。フーコーの講義録を編集したグロ（Gros, Frédéri）は、二〇〇一年に『主体の解釈学』の「解説」において、次のように述べている。「たとえば、価値観の崩壊という事態を前に、フーコーはギリシア人に依拠して、ナルシス的な誘惑に屈したのだ、という発言があちこちで聞かれる。つまり、フーコーは、代替倫理として『〔古代ギリシア的な〕生存の美学』を称揚し、自己の様式化をつうじて個人を開花させる道を説いているだけだ、と思われている」と（Gros 2001: 511＝2004: 592）。

このように考えるなら、フーコーは、一九七〇年代末に、抵抗概念を「戦略的なもの」から「実存的なもの」へ変えたように見えるだろう。事実、トンプソンは、一九六〇年代から七〇年代のフーコーは、支配体制の「戦略的転倒」をめざす「抵抗」を語っていたが、一九八〇年代に入ってからのフーコーは、支配体制から逃走し「審美的実存」をめざす「抵抗」を語るようになった、と論じている。すなわち、支配体制の内部に入り、内部から変革しようとする抵抗を語る立場から、支配体制に荷担する自分を自己批判し、新しい自分創造という抵抗を語る立場に、転回したのだ、と（Thompson 2003）。

たしかに、『自己への配慮』におけるセネカ論を読むなら、そこに「生存の美学」につうじる自己反省についての厳密な分析を見いだすことができる。その箇所を読むなら、あたかもそれが、フーコーの析出しようとしている倫理的実践のモデルであるかのように思えるのかもしれない。たとえば、フーコーは次のように述べている。「過ぎ去ったばかりの自分の一日の行動全体について、セネカは『検査』しようとしている。……この検査における主体の自己との関係は、〔キリスト教に見られるような〕被告が裁判官を前にしたときの審判の形態をとっていない。むしろそれは、管理者が完了した仕事や任務を評価しようとするときの検査活動の様相を示している」と（Foucault 1984b: 78＝1986: 82–3）。ここに描かれていることは、まさに〈私〉の〈私〉についての穏やかな反省である。

さらに、『自己への配慮』全体も、キリスト教的な自己審問論よりも、ギリシア的な自己形成論を評価しているように見えるだろう。たとえば、同書の主要な登場人物の一人、右に引用したセネカは、古代ギリシアに由来するストア哲学を展開した古代ローマの哲学者であり、彼の自己形成論は、「自分自身を知れ」という教えを核にしている。セネカにとって、自分自身は、自分を支えうる基礎だからである。もう一人の登場人物のカシアヌスは、修道院を創始した四世紀のキリスト教神学者である。彼の自己審問論は、「自分自身を捨てよ」という教えを核にして成り立っている。自分自身すなわち自己は邪な力が噴出する深淵（béance）だからである（Foucault 1984b＝1986; Foucault 1994, No. 356: 717＝1998–2002, No. 356: 230）*。両者のあいだに、「自分自身を知る」という自己肯定の思想が「自分自身を捨てる」という自己否定の思想に変質していく過程を読みとることは、不自然ではない。

＊　フーコーは、キリスト教とストア派の、死への態度の違いについて、次のように述べている。「キリスト教徒は、死によって救済されることを待ち望む。ストア派は、目前にもはや死の可能性しか残されていない時点まで、自分の人生を急いで［老成させよう］とする」と（Foucault 1994, No. 356: 717＝1998–2002, No. 356: 230）。

しかし、フーコーはどこにも、このセネカ的な自己形成が現代社会における倫理的実践のモデルであるとは書いていない。セネカの自己形成論は、あくまでセネカが生きた時代における自己との関係として提示されている。なるほど、フーコーは、そこに「生きることを一つの芸術作品として形成される素材と見なす」という態度を見いだし、その態度に「魅力を感じる」と述べているが（Foucault 1984c: 348）、それだけでは、フーコーが古代の自己形成論を代替倫理と見なしているとはいえない。

### †回帰を否定するフーコー

ここで思い出したいことは、フーコーが、何かに「回帰」（les retours）するという考え方から無縁の人間であったということである。フーコーの親友であったドゥルーズは、一九九〇年に、「フーコーの古代ギリシアの「自己への配慮」が、フーコーの古代ギリシアへの回帰を意味しているのではないのですか」という問いに対し、「ちがいます。ギリシア人への回帰などではありません」と断言したあとで、次のように付け加えている。そもそも「フーコーは、回帰というものが大嫌いでしたからね」と（Deleuze 1990: 155＝1996: 191）。さらに、ドゥルーズは、「フーコーが主体に回帰したと語られるのは、その人がフーコーの提起した問題をまったく理解できていないからです。それもまた、まったく論外の話です」と、厳しい口調で論じている（Deleuze 1990: 207＝1996: 253 訳文変更）。

もう一人の親友、ヴェーヌも、一九八六年に次のように述べている。「明らかなことであるが、だれもフーコーが古代ギリシアのストア哲学を復活させようとしたと、彼を非難したりしないはずである。なぜなら、生前行うことができた最後のインタヴューで、フーコーはきわめて明確にこう述べているからである。今日の問題を解決するうえで、別の時代に生じた問題に対する解決策をもちだすべきではない、と。なぜなら、それは、似ているように見えても、じつはまったく別の問題だからである、と。フーコーは、けっして自分がキリスト教倫理に代わるものを、それとはまったく対立する古代ギリシアの倫理に見いだせるとは考えていなかったのだ」と（Veyne 1993: 2）。

ドゥルーズ、ヴェーヌが断じているように、またフーコー研究者のシャープ（Sharpe 2005）が論じているように、フーコーのセネカ論やプラトン論に、フーコーの倫理論の本態を見いだし、フーコーの古代回帰を主張することは、フーコーの採用した系譜学、歴史的存在論という方法論を無視することである。

## †歴史的存在論（系譜学）再論——二つのテクノロジー

フーコーは、晩年に、自分の研究史をふりかえり、私は「主体の哲学から脱出するために、近代的主体の系譜学を、歴史的で文化的な実定性としての主体を、研究しようとしてきた」と述べている（Foucault 1994＝1998-2002, No. 295: 382）。アプローチの仕方として見れば、フーコーの近代的主体の系譜学は二つに分けられる。一つは、近代的主体にかんする理論的言説の構築についての系譜学である。それは、『臨床医学の誕生』『言葉と物』に代表されるように、表現する存在、生存する存在、労働する存在としての主体を理論的に定礎した言説が、どのように生まれたのか、その経緯を記述する系譜学である。もう一つは、近代的主体にかんする実践的制度の構築についての系譜学である。それは、『狂気の歴史』『監獄の誕生』に代表されるように、近代的主体を具体的に形成する制度、つまり精神病院や監獄や学校が、どのように生まれたのか、その経緯を記述する系譜学である。

これら二つの系譜学は、どちらも近代的主体をつくる側に照準した系譜学である。どちらも「支配のテクノロジー」（「個人の行動を決定し、何らかの目的ないし目標を課することを可能にするテクノロジー」）に属する技法をおもに扱う系譜学である。この支配のテクノロジーの系譜学にふくまれないものがある。それは「自己のテクノロジー」である。すなわち「個々人が、自分自身によって、自分の身体、魂、思考、行動に操作を加えながら、自己変容をとげ、完全性・幸福・純粋性・超自然の力などのある一定の段階に達することを可能にする技法」である（Foucault 1994＝1998–2002, No. 295 :383［ただし、この講演原稿をフーコー自身は英語で書いているため、それを参照し訳文を変更した］）。

自己のテクノロジーは、支配のテクノロジーと共役運動的である。フーコーは、自分の研究をふりかえり、次のように述べている。「西欧文明における主体の系譜学を分析するためには、支配のテクノロジーだけでなく、自己にかんするテクノロジーも考慮にいれなければならない。これら二つのタイプのテクノロジーのあいだに生じる相互作用を明らかにする必要がある。精神病院や監獄などについて研究したとき、私はおそらく、支配のテクノロジーばかりをあまりにも強調しすぎたように思う」と（Foucault 1994＝1998–2002, No. 295: 383）。この文言について確認すべきことは、主体化の両輪が支配のテクノロジーと自己のテクノロジーの二つである、ということであり、自己との関係も、代替倫理ではなく、自己のテクノロジーつまり権力の装置である、ということである。

## †フーコーの自由

一九八〇年代に入ってからフーコー自身が明らかにしたように、こうしたフーコーの歴史的存在論（系譜学）は、「自由」（liberté/freedom）を存立条件としていた。一九八二年にフーコーは「私の役割は……人びとに、彼らが自分たちで思っているよりもずっと自由であることを……示すことである」といい、「私が思うに、私たちの未来は大きな秘密をもっている。すなわち自由の可能性、創出性を秘めている。それは、ヒューマニズムが私たちに想像させる自由を超えている」と述べている（Foucault 1994, No.362: 778, 782＝1998–2002, No. 362: 309, 315）。

フーコーのいう自由は、基本的に思考の様態であるが、それは、何ものにも拘束・強制されていないという、まったく弛緩した状態ではなく、困難ではあるが、自分を基礎づけているものを深く反照しつづけ（ふりかえりつづけ）、新しい自己創出を可能にしている状態である。いいかえるなら、フーコーのいう自由は、第2章で論じたように、言説の限界に挑む「外の思考」のような「自由な運動としての思考」である（Foucault 1984f: 388）。ライクマンの言葉を借りるなら、それは「恒常的な変化の可能性」と一体である（Rajchman 1985＝1987: 228）。

フーコーにとってこのような思考の自由は、「理性」をかたる近代的合理性によって簒奪されてきた自由である。フーコーは、一九八〇年に「理性を行使することによって自由に到達するという啓蒙の約束は、逆に理性による支配へと、ますます自由の地位を収奪する理性による支配へと、反転していった」と述べ、この「理性」（をかたる合理性）による「自由の収奪」こそが「私たち」がとりくむべき「根本的な問題」であると述べている（Foucault 1994＝1998–2002, No. 281: 237）。「理性」を僭称する合理性から離れ、自由を実践することこそが、現代社会を生きる私たちの責務である、と。

自由を実践することは、新たな存在様態を示すことにひとしい。フーコーは「自由」の名の下に私たちがなすべきことは「私たちの喪われた同一性を回復することでも、私たちの囚われた本質を解放することでも、私たちの基本的な真理を露わにすることでもない。……私たちがなすべきことは、まったく別の何かに向かうことがあると示すことである」と述べている（Foucault 1994＝1998–2002, No. 281: 238）。「生産されなければならないものは、自然［の法則］が描いたような人間でもなければ、人間の自然本性が規定しているような人間でもない。私たちは、まだ存在せず、どのようになるのかわからない人間を生産しなければならないのである」と（Foucault 1994＝1998–2002, No. 281: 238）。

フーコーにとって自由の実践は、権力の関係への「抵抗」とわかちがたい。確認するなら、フーコーのいう「権力」（pouvoir）は「支配」（domination）と同一ではない。いわゆる「権力」は、彼の言葉でいえば「支配」であり、ある人が他の人の行動を左右することである。しかし、フーコーのいう「権力」は、人が発揮したり行使したりする力ではなく、一定の時空間におけるさまざまな関係性の全体が創りだす限定された「可能性」（pouvoir）である。この可能性は二つに分かれている。一つは、人が既存の秩序にただ従って生きようとするときの可能性であり、その可能性を選ぶかぎり、人の生き方は、その社会の「支配」に、本心からであれ、表向きであれ、屈従する生き方である。もう一つは、この既存の秩序の外に出ようとするときの可能性であり、その可能性を選ぶかぎり、人の生き方は、その社会の「支配」に、思わずであれ、意図的であれ、反逆し反抗し抵抗する生き方である（Foucault 1976＝1986: ch.1–2）。フーコーの自由の実践は、むろん後者の生き方を選ぶことである。

フーコーは、権力の関係のなかにこそ、こうした抵抗の可能性を見ている。その意味で、フーコーは「権力の関係は、自由な主体すなわち人が自由であるときに作動する」といい、反逆、反抗が許されない「奴隷制は、権力の関係をふくみえない」という。それは支配の関係であり、「権力の関係の核心にあるもの、そして権力の関係を誘発しつづけるもの、それは、意志をもった反抗者であり、妥協をしないリベラリストである」と（Foucault 1983: 220; 1994＝1998–2002, No.306: 26 訳文変更）。

## †自由は倫理的である

フーコーにとって、抵抗としての自由の実践は、それ自体、倫理的な営みである。いいかえるなら、フーコーにとっては、「自由」がなければ「倫理」はない。「自由」は「倫理の存在論的な〔存立〕条件」である（Foucault 1994＝1998–2002, No. 356: 223）。たとえば、一九八四年に、ある対談のなかで、インタヴュアーの「自由を倫理的に実践しなければならない、というわけですか」という問いに対し、倫理を道徳規範から区別するフーコーは「ええ、倫理とは、自由の実践、自由を反省的に照り返しながら自ら実践することでないとしたら、いったい何でしょうか」と応じている。「倫理とは、〔思考の〕自由がまとう反照形態（forme réfléchie）にほかなりません」と（Foucault 1994＝1998–2002, No. 356:

223–224)。

したがって、フーコーの場合、自由の実践は、「解放」（libération/liberation）から区別される。自由の実践は、自己を倫理的に活動させることであるが、「解放」は、この自由を手に入れるために、理不尽なもの・不条理なものを退けること、いわば自由の実践にさらされる「新しい権力の関係を生みだす場所を開くこと」だからである。フーコーは、次のように述べている。

「解放が存在しない、具体的な解放は存在しない、などというつもりはない。被植民者が植民者から解放されるとき、そこには厳密な意味での解放の実践がある。しかし、よく知られているように、こうした確かな解放の例の場合にも、解放の実践だけでは、自由の実践を充分に定位させることはできない。解放の後、その民族、その社会、その個人が必要とするものは自由の実践である。自由の実践によってこそ、彼らが受け入れ、容認できるような生の形態や政治的社会の形態をみずから明示することができる。したがって、私は解放の過程ではなく、自由の実践を強調する」(Foucault 1994, No.356: 711, 710＝1998–2002, No. 356: 222, 220)。

そして、フーコーが自由の実践においてとくに重視するものが、他者との関係性である。倫理的な自己との関係は、他者との関係性のうえに成り立つものだからである。フーコーは、一九八二年に次のように述べている。「[自由の実践は] 個人の在りよう（status of individual）を問う闘いである。他者と異なることができるという権利を主張し、個人を真の個人にするものすべてを強調しながら、個人を隔離し、他者との関係性（links with others）を切断するすべてを攻撃することである。それらは、協同的な生を分断し、個人を内面に引きこもらせ、強制的に個人を自己同一性に縛りつけるからである」(Foucault 1983: 208, 211–2; 1994＝1998–2002, No. 306: 10, 15 傍点引用者)。

ようするに、フーコーの歴史的存在論は、古代ギリシアへの回帰を指向する言説ではなく、他者との関係性を重視する自由の実践につながる言説である。私たちはつづいて、フーコーにおける自己・他者との関係論を、フーコーが実際に語った言葉をいささか超えて、布衍してみよう。そのために、私たちはまず、ハイデガーの存在論に言及しなければならない。フーコーは、ブランショを経由しつつ、ハイデガーの存在論から大きな示唆を得てきたからである。

## 4　関係性の力

### †ハイデガーとフーコー

フーコーが「ニーチェ主義者」であることは、フーコー自身が認めているし、広く知られていることであるが、フーコーが「ハイデガー主義者」であることは、あまり知られていないだろう。しかし、フーコーは、彼自身が認めているように、ハイデガーから大きな影響を受けている。一九八四年五月二九日、死の直前に行われたある鼎談のなかで、フーコーは次のように述懐している。

「……ハイデガーは、私にとってつねに本質的な哲学者でした。……ここに、私がハイデガーを読んでいたころにとったノートを――それも何トンも！――まだもっています。しかも、それは、ヘーゲルやマルクスについてのノートよりもはるかに多量なのです。私の哲学的な生成のすべてが、ハイデガーを読むことによって決定されてきました。とはいっても、ニーチェのほうが優位を占めたことは、認めますが」（Foucault 1994＝1998–2002, No. 354: 208）。

なるほど、フーコーの思想とハイデガーの思想は、いくらか類似している。たとえば、フーコーの「歴史的存在論」という名称は、ハイデガーの「存在歴史」（Seingeschichte）という名称とよく似ている。事実、ハイデガーも、フーコーと同じように、何が存在者と見なされるのか、何が真理／虚偽を区別するのか、何が意味あるものを決定するのか、こうした問いに答える思考の空間が、連続的なものではなく、歴史的に不連続なものである、と考えていた。そして、この不連続性を示すために、ハイデガーは、フーコーのように、古代ギリシアにさかのぼっている。そして、一七世紀に生みだされた近現代の原型すなわち「表象」について論じている。人間が主体となり、「世界が［主体の描く］画像になったことが、近現代の本質的な特徴である」と（Heidegger 1950＝1962: 30）。

ハイデガーの研究者であり、フーコーとも親しかったアメリカの哲学者のドレイファス（Dreyfus, Hubert L.）によると、ハイデガーとフーコーの方法論的概念も、その内容を考えるなら、次のような対応関係を示している。実践のなかの現実の理解の仕方を、ハイデガーは「存在」と呼び、フーコーは「力」と呼んでいる。周縁から中心へ向かう動態の始点を、ハイデガーは「起源」と呼び、フーコーは「生成」と呼んでいる。動態が収束した内閉的空間を、ハイデガーは「時代」と呼び、フーコーは「体制」と呼んでいる。自由のための歴史的記述を、ハイデガーは「再集成」と呼び、フーコーは「系譜学」と呼んでいる。そして、啓蒙／近代の特徴を、ハイデガー「世界像の時代」と呼び、フーコーは「人間の時代」と呼んでいる。さらに、現代社会の特徴を、ハイデガーは「技術主義」と呼び、フーコーは「生‐権力」と呼んでいる（Dreyfus 2003: 45; Dreyfus 1992, 2004a, 2004b も参照）。

ドレイファスによれば、ハイデガーとフーコーは、ともにニーチェの近代批判を踏まえつつ、ともに現代の主体化指向、有用性指向から、人びとの言動をずらそうとしていた。フーコーのいう主体化は、ハイデガーの言葉を用いていえば、「現存在」の主体化であり、諸力の「技術化」である。ドレイファスは次のように述べている。「ようするに、この二人の思想家は、深く考える人の能力が、これまでとは異なる思考をもたらす、と強調するとともに、自由な関係を創りだし、情況に応答する諸実践によってこの現代の危うさを回避するべきである、と強調しているのだ」と（Dreyfus 2003: 51）。

### †現存在の本態

ハイデガーとフーコーとの類縁性は、これらにつきるものではなく、さらに興味深い論点をふくんでいる（Rayner 2007 を参照）。しかし、さしあたりここで確認したいことは、ハイデガーの「現存在」が、自己との関係、他者との関係を本態としつつも、自己との関係を重視していることである。

「現存在」の原語であるハイデガーの Dasein は、さまざまな議論を巻き起こしてきたが、もともと「命」「生存」を意味するふつうの名詞である。自動詞としての dasein も、「生きる」「いる」「ある」を意味するふつうの動詞である。ただささかのぼるなら、この言葉は、ギリシア語の「アニマ」や「プシュケ」につうじる、みずみずしく「生き生きした状態」をさす言葉である。たとえば、古東哲明は「現存在」という術語を「生命のいぶき」と理解するべきだ、と述べている（古東 2002: 87）。

ハイデガーの「現存在」が「生き生きした状態」であるとすれば、それは、世界と人との、人と人との不即不離の関係を暗示している、といえるだろう。私たちのまわりにある世界は、さまざまな生命、人びとがひしめきあい、かかわりあい、いがみあい、しりぞけあうところである。いいかえるなら、意見を異にする人たちだけでなく、生存形態を異にする無数の生命、いわば無数の他者が、それぞれに、しかし否応なくかかわりながら生きていることそれ自体が、この世界である。

私たちが構成しているこの雑多で猥雑な世界において、私たちはそれぞれ、周りに、否応なく気を配り、他者に気を遣いながら生きなければならない。すなわち、なんらかの利益・便益を求めて意図的にそうしているというよりも、その世界のなかで、個々の情況のなかで、自然とそうしなければならない。その意味では、私たちは、明晰に認識し確実に操作するだけでなく、情況を了解し実践的に配慮している。なるほど、私たちは、何かを企てたり決断したりすることもできるが、何らかの情況のなかで思わず行動してしまうし、やむをえず行動してしまうこともある。その意味で、私たちは、ハイデガーのいう「気遣う存在」(Sein als Sorge) である。

## †二つの配慮

ハイデガーは、(フーコーが「あまりよく知らない」という)『存在と時間』において、「現存在の存在は、自分を配慮 (Sorge) として示す」といい、「世界内存在とは、本質的に配慮である」と述べている (Heidegger 2001: 182, 193)。いいかえるなら、生き生きとした状態にある人は、世界に配慮する (世界を気遣う) 人であり、この「配慮」という営みは、私という意識が明瞭なかたちで成立する以前から、営まれている。人が存在することは、だれかに配慮されてきて、今ここに生きているということであり、だれかに配慮していることである。その意味で、「現存在の存在とは……(世界) の内部で先行的に、つまり私 [=主体性] に先立って、人が存在することである」(Heidegger 2001: 192)。

「配慮」は、「自分への配慮」と「他者への配慮」とに、分けられる。ハイデガーは、まず、何か道具を用いて問題を解決する人の在りようを「自分に配慮する状態」(ベゾルゲン Besorgen) と呼んでいる。これはごく日常的な自己保存の在りようであり、とくに説明しなくてもよいだろう。ハイデガーはまた、「他者と出会う世界」における他者と私がともに生きている「共現存在」(Mit-Dasein) の状態を「他者に配慮する状態」(フェアゾルゲン Fürsorgen) と呼んでいる。「他者と出会う世界」とは、歴史的・文化的・地理的に限界づけられている一つの地域共同体であり、「共現存在」とは、この地域共同体のなかで他者とかかわりつつ、ともに生きていることである (Heidegger 2001: 193)。

ハイデガーは、「他者への配慮」を「自己への配慮」に先立たせている。「配慮は、自分に対する特別のかかわりを意味することはできない。なぜなら、自分は、存在論的にいえば、すでに自分に先立つ［他者］存在によって特徴づけられているからである」。いいかえるなら、自分は、自活し自律していても、他者とともに生きているからである。「『自分に先立つ存在』という場合の『自分』は、そのつどそのつど、世間が認める自分を意味している」からである（Heidegger 2001: 193）。つまり、一見すると、「自分の意志」「自分の願望」が、他者への配慮を生みだしているように見えるが、実際には、その自分そのものが他者からの配慮の賜物であり、他者への配慮という贈与である、と。

### †良心の声とは何か

他者への配慮は、能力、実力と密接に結びついている。人の求めに応じるためには、それにふさわしい能力、実力が必要とされるからである。しかし、この能力、実力が強調されると、人は過剰に有用性（機能性）を指向する世界の側から自分を理解するようになる。それは、たとえば、会社員・看護婦・教師・主婦・学生・子どもといった、機能的な役割としての自分が「ほんとうの自分」であると考えてしまうこと、そうした役割を果たすことに邁進することが「生きがい」であると思ってしまうことである。それは、人が自己分裂という不安、内部からの異議申し立てを感じとりながらも、現存在の「生き生きした状態」を忘れてしまうことである。ハイデガーの言葉を用いていえば、それは「非本来的自己」（「頽落」Verfallen）が「本来的自己」を凌駕することである。*

＊　ハイデガーは、「頽落」という言葉は「否定的評価を意味していない」といい、それは「他者とともに生きることにまったく気をとられている」状態であると述べている（Heidegger 2001: 175-6）。

本来的自己であるために必要なものが、「有限性」すなわち限られた自分の人生を生き生きと生きるという「決意」であり、この決意にもとづいた「自己への配慮」である。それは、いずれ訪れる自分の死を想いつつ、よりよく生きようと決断することであり、内なる「良心の声」（Gewissensruf）に応えることによって、自分を道具化する機能的営みから自由になることである（Heidegger 2001: 261, 269）。ハイデガーにとって、死とは、あくまで自分の死であり、だれにも替わってもらえない自分の運命である。ハイデガーの語る本来的自己の存立条件のなかに、ハイデガーが重視する他者への配慮、他者からの配慮、すなわち他者との関係性はふくまれていない。

つまり、ハイデガーにおいては、他者への配慮は重要ではあるが、それは人を機能的・有為的な営みへ埋没させ、本来的自己を見失わせる契機であり、「良心の声」にもとづく自己への配慮が、人をこの機能的・有為的な営みから離脱させ、本来的自己にみちびく契機である。人を本来性へ導く「良心の声」と、他者との関係は、明確に結びつけられていない。ハイデガーは「現存在が、良心において、自分を呼んでいる」。「……思わず、それどころか、心ならずも、良心は［私を］呼ぶ。良心が私を呼ぶ声は、私のうちから、しかも私を越えて聞こえてくる」と述べている（Heidegger 2001: 275）。ハイデガーの「私を越えて聞こえてくる」「良心の声」とは何だろうか。死の直前、一九六六年九月に行われたインタヴューで、ハイデガーは「本来的存在」が神の求めるところであり、「良心の声」が神の声、その代わりである、と示唆している。

> 「哲学は、現在の世界の諸条件をただちに変化させることができないだろう。これは哲学についてのみいえることではない。すべての人間の思想と挑戦にいえることである。神のみが私たちを救いうる。私たちに遺されている唯一の救済の可能性は、思考と詩作（Dichten und Denken）によって神の顕現に、あるいはこの衰退の時代において神の不在に備えることである。さもなければ、私たちは、無意味な死を迎えないにしても、神の不在に直面するなかで、どこまでも堕ちていくだけだろう」（Heidegger 1976: 203）。

ここで確認すべきことは、ハイデガーが、神を否定していないことである。むしろハイデガーは、神の顕現を待ち望んでいる。一九四八年に、ハイデガーは「私は神を否定していない。私は神の不在を叙述するのである。私の哲学は、神を受け容れようと開かれるための、一つのやり方なのだ」と述べている（久米 1992: 77 から引用）。

フーコーの出発点は、ここにあったのかもしれない。フーコーは、ハイデガーのように、その存在の歴史をつうじて、「良心の声」に応えつつ自己を気遣うという本来性への回帰を求めたのではない。フーコーが求めたことは、「他者の声」に応えつつ自他を気遣うという未知の可能性を開くことである。いいかえるなら、フーコーが前提にしていたことは、ハイデガーが明確に語っていない、他者との心情的な関係、いわば、ブランショが明確に語っている、他者への衝迫的な気遣いの力である。*

＊ もっとも、ハイデガーのいう良心は、他者との関係性をふくんでいるのかもしれない。ハイデガーは「［配慮を本態とする］現存在自身が良心となる」といい、良心の存立条件は「現存在がその根底において配慮であること」と述べているからである（Heidegger 2001: 277, 278）。これは、他者に気遣われ、他者を気遣ったという経験が良心として醸成する、というふうにも理解できるだろう。

ふりかえってみれば、すでに一九六九年の『知の考古学』において、フーコーは次のように述べている。

「それ［＝考古学］は、私たちを、私たちの連続性から離床させ、私たちの歴史的な同一性を四散させる。その同一性は、これまで私たちが自己を表象してきた場所である。それ［＝考古学］は、超越論的目的論を断ち切る。そして、人間学的思考が、人間の存在や、人間の主体性を語るところで、それは、他者の存在や、外の存在を明示するのである」（Foucault 1969a: 172）。

## †自己言及と他者言及

フーコーにとって、個人の実践が他者を媒介としていることは、自明であった。フーコーは、ヘレニズム時代、古代ローマ時代のストア派的な自己形成の実践をとりあげるなかで、その論述をいったん棚上げし、次のような、ブランショの他者との関係論を思わせる理論的な考察を、はさんでいる。

「……ここで予備的な問題を提起しておきたいと思う。すなわち、他者の問題、他人の問題である。つまり、救済の形式とその内容［＝自己］との媒介者としての他者に対する自己の関係である。……自己の実践が規定する形式が、実際にその対象つまり自己に到達し、自己によって満たされるためには、他人、他者が必要不可欠である。自己の実践が、それが向かう自己に達するためには、他者が不可欠である」と（Foucault 2001a＝2004: 149–150）。

この「他者」は、まったくの他人、赤の他人ではない。自己の実践を可能にする「他者」は、自分と密接な関係にある他者である。対面できる他者であれ、書物をつうじて知っている他者であれ、自分が、ことあるごとに、「その人なら、どう思うだろうか、どうするだろうか」と言及する他者、信頼している他者である。ルーマンの言葉を用いていえば、人の自己言及は、他者言及にささえられている。フーコーにとって、自由な個人の倫理的実践をささえているものは、「愛情、配慮、友愛、誠実、僚友、仲間」などの関係、すなわち他者との心情的な関係である。

## †関係性の力

フーコーは、別のところで、自分にとって「〔他者との〕関係性は、つねに重要な問題だった」と述べている。他者との関係性が「生きることへの問い」への答え、つまり多くの人びとが欲望するものであり、かつ多くの人びとを不安にさせるものである「共存在」(coexistence) を可能にしている、基本的な条件だったからである、と。フーコーにとって、他者との関係性を語ることこそが、「共に在るということはいかにして可能なのか。共に生き、時間を、食事を、寝室を、余暇を、悲哀を、知識を、秘密を分かちあうということは、いかにして可能なのか」という問いへの、解答だったからである (Foucault 1994＝1998–2002, No. 293: 372)。

フーコーにとって、「友愛」(amitié) のような関係性は、生きることを根底からささえる条件であった。彼は、たとえば「不条理で醜悪な戦争のなかで、その地獄のような殺戮のなかで」人びとをどうにかささえているものは「心情が織りなすもの (tissu affectif)」、いかなるときも相手を見捨てないという「非常に強固な心情のつなぎ糸」である、と述べている。そのつなぎ糸は、「何週間も、ぬかるみを、屍体のあいだを、糞便のなかを這いまわり、死ぬほど飢えながら、朝が来ると、酔いしれたように突撃するという、地獄の生活を耐えぬく、唯一の条件ではないにしても、一つの条件」である、と (Foucault 1994＝1998–2002, No. 293: 377)。

## †友愛という関係

確かめておくなら、フーコーの語る「友愛」は、けっして「友だちを大事にしなければならない」といった道徳規範ではない。「友愛」として語られる他者との関係性は、制度化された規則に従っている言動に還元されるものではないからである。フーコーが語る「友愛」は、道徳規範として語られてしまうと同時に喪われるような、アクチュアルな他者との深い関係性である。

フーコーの語るこうした「友愛」は、フーコーと対立しながらも、どこかでフーコーと深くつながっていたデリダの語る、不可能性としての「友愛」と近しいのではないだろうか。デリダは、一九九三年の『衝迫（情念）』で、次のように述べている。「友愛の動作、礼節の動作は、もしそれが、こうしろ、と命じる規定の一般性を、ある一つのケースに適用する必要性に屈服するやいなや、それ自身を壊してしまうのである。友愛の、礼節の動作は、堅固に秩序づけられた規則や規範によって圧倒され、打ち負かされ、破られてしまうのである。……［したがって堅固に秩序づけられた］義務に反することは、また一つの［友愛の］規則なのである」と（Derrida 1993＝2001: 18 訳文変更）。

デリダがいうように、友愛が根本的に不可能であるとしても、私たちが私たちそれぞれの固有な友人に応える場合、そこに道徳規範にもとづく言動、つまり道徳的義務感を超えて応答しようとする心情（affection）がある。フーコー、デリダの語る友愛は、そうした応答の心情であり、そうした心情のなかでのみ存在する関係性である。

## †友愛を彩る衝迫

フーコーにとって、友愛の本態は、他者と共に在ることへの「衝迫」（情念）にあふれていることである。一九八二年に、フーコーは、ドイツの映画監督シュレーター（Schroeter, Werner）と対談し、次のように述べている。「［友愛の］衝迫の虜になったとき、人はもはや自分ではなくなる。自分自身であることは、意味がなくなる」。なぜなら「衝迫にあふれている状態は、パートナーたちとの混成状態だ」からである。「二人、あるいは三人のあいだの衝迫は、互いに激しく交感することを可能にする」からである、と（Foucault 1994＝1998–2002, No. 308: 44–5）。

他者との「交感」において生じるものは、愛しあう「身体」が黙示する「名づけられないもの」（innommable）すなわち「無為」（inutilisable）としての「歓喜」（plaisir）にひとしい。フーコーは、一九七五年に行われた別のインタヴューで、シュレーターの映画に描かれているものついて、次のように述べている。「それは、身体の可能性の拡大、萌芽である。身体のほんのささやかな部分、その細部がもっているわずかな可能性を自由に開化することである。そこでは、身体が無法状態となり、身体の位階、位置、名称、いわば、身体の生体性［＝機能的組織性］が瓦解していくのである。……そこにあるものは、欲望のプログラムの外にある「名づけられないもの」「無為」である。それは、歓喜によって完全に創出された身体である。すなわち、みずから開き、張りつめ、高なり、震え、思わず口を開ける何かなのである」（Foucault 1994, No. 164: 818–9＝1998–2002, No. 164: 466–7 訳文変更）。

## †倫理感覚

フーコーは、「歓喜」の「衝迫」にあふれている状態には、何が起こったのか、何をするべきなのか、それを説明する必要もなく、「そんな疑問さえも思い浮かべずにすむような、一種の内的明証性がある」という（Foucault 1994＝1998–2002, No. 308: 49–50）。その「内的明証性」は心情の本態である。たとえば、親は、わが子の窮地を救うために、わが身をかえりみない。なぜ子どもを救わなければならないのか、倫理学的・心理学的に確認して行動するわけではない。そこにあるものは、一瞬のうちに全身をつらぬく感覚である。損得計算、論理的整合性、有用性は、人が「歓喜」の「衝迫」にあふれる瞬間において、つまり寛容的・犠牲的・衝動的である瞬間において、休止する。ちなみに、パスカルは、「心情（le coeur）は、それ自体の理性をもち、それを［いわゆる］理性は知らない」と述べるとともに、「あなたがあなた自身を愛するのは、理性にもとづいてだろうか」と問いかけている（Pascal 1993: IV, 277）。

ドゥルーズは、一九八二年のシュレーターとの対談におけるフーコーの発言について、次のように述べている。フーコーのいう「衝迫とは［人が］強度［intensités 抗しがたい力］によって個体化をとげることである。あたかも、衝迫が人称を溶解させるかのように」と。ドゥルーズにとって衝迫、歓喜、強度は倫理的であり、自分と他者が「未分化の状態に陥ること」ではなく、他者との関係のなかで自分の個体性が生成することであった。それは「いつも相互に他者をつつみあい、可変的で連続的で強度の場に浸されている状態になることである」と（Deleuze 1990: 157＝1996: 194）。

私は、ここで、他者との関係性と一体である内在的な力、衝迫としての、歓喜としての、すなわちフーコーのいう「内的明証性」、ドゥルーズのいう「強度」を、規範ではなく感覚としての倫理という意味で、「倫理感覚」（ethical sense）と呼びたい。

## 5　関係性と倫理感覚

### ✝自分を反照しながら子どもを虐待する母親

ここで、フーコーの文言を念頭におきつつも、そこから少し離れて、一つの具体的な事例をとりあげておきたい。今見てきたように、フーコーが倫理的実践を見いだしている他者との関係性は、友愛のような肯定的関係であるが、倫理的実践をふくむ他者との関係性は、次に示すように、子ども虐待のような否定的な心情的関係のなかにすらも見いだすことができる。

とりあげるのは、「境界性人格障害」と診断されたある人の回顧録（いわば「告白」である）に記された一つのエピソードである。その著者であるレイチェル・レイランドは、二〇代後半に、自分から精神科に行き、医師から「境界性人格障害」と診断されている。この女性が自分から精神科医の診断をもとめるきっかけとなったできごとは、自分の子どもへの虐待を、リアルタイムで自分で反照したという事実である。その一部を引用しよう。

「六月のある金曜日、……目が覚めると、私は震えとイライラに襲われました。ふだんにまして自分を制御できなくなっています。……ところが、そのような私の思いとは裏腹に、［息子の］ジェフリーは、私の膝に這い上がろうとして、ききませんでした。しかし、私は、喜んで受け入れるどころか、触れられたくないという思いから、彼を乱暴に押しのけてしまったのです。だれにも近くにいてほしくなかったのです。……

はじめ、ジェフリーは、それをゲームか何かと思ったようでした。けれども、私があまりにも乱暴に突き飛ばしたために、よろめき、床に倒れこんで、ようやく事態に気づきました。

私は、自分の頭のなかでいくつもの考えが渦巻き始めるなか、今や本格的に泣きながら、その場に倒れている彼を見つめていました。

ジェフリーが私をじっと見つめています。泣きやもうとしません。床に座りこんだままのその姿は、私がどれほど浅ましい人間であるのかを思い起こさせました。

『いいかげんにしなさい、ジェフリー。黙りなさい！』私は怒鳴りました。

しかしジェフリーは黙りません。

『ちくしょう、このクソガキ、黙れ！』私は叫びつづけました。

それでも彼は泣きやみません。

怒りに包まれ、私は彼の肩をわしづかみにしました。そして思いっきり強く、手が赤くヒリヒりしてくるまで彼のお尻をたたきつづけました。やめられませんでした――彼の目を見るまでは。彼はもう泣いていませんでした。とめどなく打ち寄せる恐怖の波に、感情を表そうという気持ちが失われてしまったのです。瞳だけが大きく見開かれていました。大きく、私がそれまで見たこともないほど大きく。怯えていました。……彼のその表情が私の怒りをとめました。いつもの無力感がふたたび私を襲いました。私は、ジェフリーのあの表情に覚えがありました。……それは、私が子ども時代にあまりにもよく味わったもの、始まりも終わりも予測できない、延々と続く怒りによって生みだされたものでした」(Reiland 2002＝2007: 29-31 訳文変更)。

## †関係性と倫理感覚

これは、典型的ともいえるだろう子ども虐待の場面であり、虐待している親の心のリアルタイムの動きである。この母親は、子どもの怯えのなかに、自分自身の怯えを感じとっている。その感受を可能にしたものは、ただたんにこの母親が、同じ虐待の経験をしていたことではない。その怯えは、その経験を否定すべきものと倫理的に感じてきたからこそ、感じとられるものである。いいかえるなら、その怯えは、母親に倫理感覚が存在しているからこそ、怯えとして感じとられるものである。

この回想録は、たしかに実際の記録ではなく、本人が境界性人格障害から立ち直ったあとに物語られた言説であるが、そこに書かれていることは、虐待、暴行のさなかにおける当事者の自省的な営みであることにちがいない。暴力をふるいながらその暴力を否定すること、くりかえし自分を「狂っている」と罵倒することなど、たえず彼女は、自分の今を自分で照らしだし、その自分を否定している。こうした自己反照、自己審判の事実は、彼女が倫理感覚を発現していることを示しているだろう。

　そして、その矛盾した彼女の行為は、ジェフリーの眼のなかに自分を見るという、他者の〈私〉への浸透陥入によってのみ、その心情活動によってのみ、おしとどめられた。この他者の〈私〉への浸透陥入は、他者との関係性にほかならない。それは、いかなる正当性、規範にもよりかからず、眼前の他者の求めに応答しようとする衝迫の力を生みだす関係性である。

### †不安と自由

「この母親は自由であった」といえば、奇妙に聞こえるかもしれない。しかし、この母親は、「だれも助けてはくれない」「何も助けにはならない」という思いのなかで、自分の行為をたえず自分でふりかえりつづけた。それは、なんらかの道徳規範によりかからず、自己反照しつづけた、ということではないだろうか。そうであるなら、彼女は自由であったといわなければならないだろう。

　いささかハイデガー的な見方をするなら、すなわち「不安は良心の声の表れである」という、ハイデガーの考え方を踏まえるなら、彼女をたえず苦しめていた不安は、彼女の良心、彼女の自由の産物であるといえるだろう。それは、彼女自身の倫理感覚が、彼女のこれまでの生育経験の結果としての虐待・暴行に抗いつづけることで生みだされたものではないだろうか。回想録が如実に示しているように、彼女の倫理感覚は、親近的な他者を唯一の準拠先・言及先としつつ、虐待・暴行をたえず告発しそれらに抵抗しようとしてきた。こうした虐待・暴行と倫理感覚との相克の積み重ねこそが、彼女を繰りかえし自殺に、執拗な自己否定に追いやったのではないだろうか。

このような憶測がいくらか妥当性をもつすれば、彼女の不安は、彼女の倫理感覚の証しであり、彼女の自由は、彼女の不安の生成要件であるといえるだろう。つまるところ、彼女の自由は、彼女の倫理感覚を発動させるかけがえのない契機である、と。この自由と倫理感覚の関係は、キリスト教的な自由と魂の関係に似ているが、これについては、あらためて論じるべきだろう。

## 6　他者に臨むフーコー

### †自由を支える他者

本章では、フーコーの倫理論を、ハイデガー的な存在論を踏まえながらも、それに還元することなく、フーコーの友愛論に近づけながら、読み解いてきた。フーコーが古代ギリシアの自己形成論に見いだした自己のテクノロジー、自己への配慮は、あらたな教育理念になりうるものではなく、主体の系譜学を遂行するための分析概念である。いいかえるなら、主体の系譜学は、自己のテクノロジー、自己への配慮のなかに、闘争的な営みとしての「主体化の過程」を読みとる作業であり、何らかの教育原理を定立することではない。そこに見いだされるものは、人が生長するうえで欠くことのできない他者との深い心情的な関係であり、不安と自由の共在である。

また、フーコーの他者との関係論からは、「外の思考」が臨むものが見えてくる。ドゥルーズが述べているように、そしてこれまで確認してきたように、フーコーにとっての思考は、つねに「外の思考」である。「外」とは、近現代社会においてますます優勢になっていく主体性指向の知の外であり、有用性指向の知の外である。そして、他者という存在こそが、まさに「外の思考」が臨むべき、かかわるべき外である。主体性、有用性の外をめざす思考は、他者との深い心情的な関係に支えられることで、フーコーの自由の実践を支える台座となりうる。

フーコーのいう他者との関係は、ハイデガーのそれから区別されるだろう。ハイデガーにおいては、レヴィナス、デリダが批判しているように、存在は、差異性ではなく同一性であり、他者との関係は、自分と同一の他者に対する配慮、すなわち存在を分有する〈私〉の、同じく存在を分有する他者への配慮である。そこには、デリダのいう「完全な他者」としての他者、〈私〉によってはけっしてとらえきれない存在としての他者はいない。これに対し、フーコーにおいては、存在は、諸力の関係を創出し喪失する多様な生成、無窮の変化であり、他者との関係は、固有な存在である他者への関係性、すなわち「なぜなのか」という根拠、理由の問いから無縁の、衝迫に由来する関係である。

### †他者を経由して自分の生に臨む

このように他者を経由し主体性、有用性の外に臨む思考は、これまで、多くの学校で強調されてきた「思考力」と遠くへだたっている。多くの学校で強調される「思考力」は、道徳規範へ、自然法則へ、社会規範へ、合意へ、正答へ、つまるところ、主体性、有用性へ収斂していく思考であり、それらと整合的な社会秩序・言説規範のうちにとどまる思考である。主体性、有用性を前提にする思考は、けっして棄却されるべきではないが、それだけでは、私たちの未来を担う子どもたちを、よりよい世界の構築へといざなう思考であるとはいえない。主体性、有用性への指向に決定的に不足しているものは、倫理感覚の発現であり、それを支える他者との深い心情的な関係である。そのなかでこそ、この世界をよりよい方向へ再構築する真の寛容さが生まれ、真の謙虚さが生まれるからである。

しかし、主体性、有用性を前提にする近代学校的な思考力は、フーコー的な外に臨む思考にとって不要なものではない。主体的、有用的な思考力は、むしろ、フーコーの求める「外の思考」「脱主体化」を可能にする不可欠な契機でもある。主体的、有用的な思考力は、その生産性・合理性・実利性によって、それから区別されるものを暗示するからである。「外の思考」「脱主体化」が主体的、有用的な思考力を契機として生成することは、諸力の関係が権力の装置を契機として生成することによく似ている。それは、外と内との往来関係、生成と制度の往還関係である。

おそらく、フーコーが強調すべきでありながら、充分に強調しえなかったことは、「外の思考」「脱主体化」が、他者との深い関係性によって喚起されることだろう。「外の思考」「脱主体化」の存立条件が、他者との深い関係性であることだろう。それは、つきつめれば、他者に臨むこと、他者の生にかかわることで、自分の生の本態を了解することである。それは、人が生きるうえで、とりわけよりよく生きるうえで、欠かせない了解である。教育という営みが、人生への準備であり、生きることによりそうことであるのなら、生の本態の了解は、教育の目的でありかつ基礎である。

# エピローグ：教育を支える関係性

## 1　関係性

### †関係性――未完の主題

一九六三年一二月二五日、クリスマスの日に、三七歳のフーコーは、知り合ってちょうど一年になるドイツの造形作家・民俗学者で、当時五〇歳のイタリアンデル（Italiaander, Rolf 1913–91）に一通の手紙を書き送った。その手紙のなかで、フーコーはイタリアンデルに、自分があなたの生き方に深い感銘を受けている、と伝えていた。フーコーにとってイタリアンデルは、自由の体現者であり、他者歓待の精神の具現者であった。「あなたのなかにあって私が愛するもの、それは、自由な人間としての歩みであり、他者の自由へ通じる歩みです。……あなたこそは、神の死んだ後の人類のなかで、つねに神［を迎えるように他者に］に出会う準備をしているヨーロッパ人――そんな人は稀にしかいません――なのです」（Foucault 1996＝1998–2002, No. 12: 301 訳文変更）。

フーコーにとって、人が自由であること、人が他者を歓待することは、分かちえないことだった。人は、支配から自由であるとき、繊細で謙虚な力でありえた。いいかえるなら、肯定的で心情的な「諸力の関係」を生きることができた。それは、主体であることではない。主体であることは、なんらかの権力の装置として生きることだからである。支配から自由に生きるとき、人は存在的な力でありうる。存在的な力は、「諸力の関係」を肯定的で動態的に構成する存在である。いいかえるなら、応えあい、支えあい、ときに憎みあうような、深い関係性を生きている人である。ナンシーの言葉を借りるなら、他者と「共同に（en commun）存在している」人である（Nancy 1999＝2001: 157）。

最晩年のフーコーは、ブランショを踏まえつつ、自己と他者との関係を「諸力の関係」として描こうとしていた。その場合の主題の一つは、〈私〉の自己同一性が他者という力の横溢によってゆらぐことであり、〈私〉が存在的な力として生成することだった。フーコーは、一九八四年一月二〇日のインタヴューで、「自己への配慮」とは「自分のことを考えることをつうじ、他者のことを考えることである」という見解を示している（Foucault 1998, No. 356: 716–7＝1998–2002, No. 356: 229）。しかし、存在的な力、「諸力の関係」を充分に描くだけの時間は、フーコーには残されていなかった。

ただ明らかなことは、フーコーが生の本態を分けもてる他者を求めていたことである。冒頭に引いたイタリアンデルに書き送った手紙の最後において、フーコーは次のように記している。「あなたのなかに生き生きと生きているもの、それは、あなたの周りでは消滅しています。……私は［あなたについて］次のような印象を抱いています。あなたは、自分を孤立させるものによって［他の］人間と結びついている、と。結局のところ、孤独な人間のみが、いつの日か、互いに出会うことができるのです」（Foucault 1996＝1998–2002, No. 12: 309 訳文変更）。他者との深い関係性を大切にする者は、いつか出会うことができる、と。この一文には、ブランショ的な関係性論が濃縮されている。

逆説的ながら、フーコーも経験しただろう「孤立」という不幸は、強度につながる契機といえるだろう。すなわち、自分の信じるところ、倫理的衝迫としての自由への意志によって、批判的によりよい状態を求めて闘い、まわりから孤立していきながらも、そうすることで、自分の生を謳歌し歓喜をおぼえることにつながっていくだろう。その場合、「幸福」を求めることは、たとえば、既存の社会構造を無批判に受け容れることであり、自分が否定している生き方におもねり、自分を裏切ることを意味するだろう。ただ、そうした人も、もう一つの倫理的な衝迫としての友愛、他者との深い関係性によって支えられているのである。

### †他者を求める力

ブランショは、一貫して他者との深い関係性を重視してきた。ブランショにとって、人はつねに自己充足しえない存在であり、そうであるからこそ、他者を求め、他者と結ぶ力でありえた。すなわち、仲間、恋人、親密なる友を求めてきた。こうした他者を求める営みは、企業の求人広告のように、道具、手段、能力としての人を求めることではなく、自分の知らない自分を照らしだし、自分の考える自己同一性を疑わせ、自分をあらたに創りだすことであった。ブランショにとって、人は本来的に、それぞれ固有な存在者として自他の差異を引き受けつつ、他者を呼び求める存在であった。

一九八三年に出版した『明かしえぬ共同体』のなかで、ブランショは、次のように記している。

「存在者［＝気遣いのなかに生きている人］が求めているのは、［他人から自分の能力を］承認されることではなく、［他者から］異議を提起されることである。彼は、生きるために他者へと向かい、他者によって意見され、ときに他者から否認される。彼に自分自身であることの不可能性……つまり［裁定する自己／裁定される自己という二つに］分断された［主体的］個人という在りように固執することが不可能であることを意識させるものは、この意見され否認されるという［主体性］剥奪の状態であり、……彼が他者に向かうのは、まさにそうした［主体性の］不可能性を意識するためであり、この主体性剥奪の状態のなかではじめて、彼が存在しはじめるからである」(Blanchot 1983: 16＝1984: 20 訳文変更)。

これは、〈私〉を根底から問いただすものとしての、自己との関係を否定することである。〈私〉を根底から問いただすものは、他者に真摯に対峙しつづける〈私〉である。いいかえるなら、あらたな〈私〉を創りだすものは、普遍性を体現しようとする自己に対する〈私〉の言及ではなく、永遠に消え去ろうとする他者に対する〈私〉の現前である。決別によってであれ、死によってであれ、いずれ、〈私〉から決定的に遠ざかるだれかに真摯に臨みつづけることである。だれかの言葉、つまるところ、だれかの命を、けっして担いつづけることはできないと感じながらも、担うことである。それが、〈私〉を既存の自己の外に連れだし、新たに創出する営みである。

**†消えない不信?**

むろん、他者に対面しつづけるというブランショの言葉に従うことは、きわめて難しい。それは、フーコーとドゥルーズが実際に体験したことである。一九七七年ころに、フーコーとドゥルーズは「仲たがい」してしまった。そのころから、二人は、手紙のやりとりはしたが、実際に会うことはなくなった。一九九〇年二月七日に、アメリカの研究者ジェームス・ミラーに宛てた私信のなかで、ドゥルーズは、次のようにフーコーと会わなくなった理由を述べている。

「ことの成り行きから、私たちは、顔を会わせる回数が減り、したがってふたたび顔を合わせるのがますます難しくなったのです。奇妙なことに、私たちが会うのをやめたのは、意見の不一致のせいではありませんでした。それどころか、逆に、私たちが会わなくなったからこそ、一種の理解不能あるいは隔たりが生じたのです。……また、正しいにせよ、間違っているにせよ、私は信じていました。彼は、自分の生活、自分の思索のために、もっと深い孤独を望んでいる、と。彼は、そうした孤独を必要とし、彼のごく近しい友人とだけ関係をもっているのだ、と。今にして思えば、もう一度会おうとすべきでした。でも、当時は、敬意の念から、そうすまい、と思っていたのです。彼にもう一度会わなかったことを、私はいまだに悔やんでいます」(Miller 1993＝1998: 315)。

ドゥルーズは、フーコーの「深い孤独」を分有する「ごく近しい友人」のなかに自分が入っていない、と考えた。それが二人を分かつ原因となった。ひょっとすると、そこには、敬意だけでなく、密やかな不信もあったのかもしれないが、たんなる憶測は控えるべきだろう。

## †生の本態の分有

ブランショは、フーコーとドゥルーズを隔てる原因となった「深い孤独」についてのドゥルーズの想いを知っていたのだろうか。ブランショは一九八三年に、バタイユを踏まえながら、二〇年前のフーコーの言葉を肯定するかのように、「深い孤独」は、友を分け隔てるものではなく、友を結び付けるものであると、述べている。〈私〉が他者に対し現前するところで、〈私〉と他者が分かちもつものは、あまりにも固有であり孤独である生の本態である、と。

「死にゆく者の手をとりながら、私が彼とつづける無言の会話、私はそれを、ただ彼が死ぬことを助けるためにつづけるのではない。彼のもっとも本来的な可能性であるだろうこの孤独なできごと、そして、彼の所有する能力が根底から奪い取られるという、人と分かち合うことができない彼固有のできごと、その孤独を分かち合うために、私は彼と対話をつづける」(Blanchot 1983: 21＝1984: 28 訳文変更)。

ここで明かされる固有で孤独な生の本態は、深い関係性のなかにしか現れない。ブランショにおいては、〈私〉と他者との深い関係性こそが、この生の本態を、〈私たち〉に明かすのである。いいかえるなら、共同体・組織の目標、権威、合意などに忠誠を誓うからではなく、ともに生の本態を分かちあうからこそ、〈私〉と他者は〈私たち〉でありうるのである。共同体や組織の「成員」は、生の本態を分かちあう「仲間」ではない。ブランショにおいては、有用性・生産性を指向し契約がとり結ぶ関係は、生の本態が生みだす関係性から決定的に区別されている。

そして、こうした生の本態がとり結ぶ共在的な生に必要なものは、弱さの気高さに自分を位置づけることである。人が弱さを否定的にとらえるのは、人が強さがもたらす利益・効能・成果にとらわれているからである。優勝劣敗の二分法で、すべてを意味づけているからである。固有であり孤独であるが、その事実を共に生きられるという生の本態こそが、もっとも重要な知であるなら、勝利がもたらす喜びにかまけ、それだけを追い求めることは、生きるうえでもっとも重要な知を忘れることである。その意味で、私たちの生活をとらえているものは、多くの場合、強さの卑小さであろう。生の本態が生みだす関係性は、弱さの強度、弱さの力がかかわりあうところにおいてのみ、持続するのであり、その強度、かかわりを喪うときから、それはただちに崩壊し始めるだろう。

## †関係性、共同性、対話的コミュニケーション

ブランショの描く他者との深い関係性は、共同体的な共同性ではない。他者との深い関係性として現実にありうることは、〈私〉が他者と真摯に個体性（かけがえのない存在）として対峙しつづけることである。それは、共同性のように、〈私〉と他者が相互に観察し観察される者となり、個体性を看過し、合意という名の規範を構築しそれに従うことではない。それは、〈私〉と〈あなた〉がそれぞれが個体性のままその生を全うできるように、ともにかかわりつづけることであり、そのかかわりをつうじて、この世界を肯定し、この世界を前提に生きることである。

いいかえるなら、他者との深い関係性は、対話的コミュニケーションではない。なるほど、ハーバーマスが求めるような対話的コミュニケーションは大切である。社会規範が、そうしたコミュニケーションによって創設されることは望ましいことである。しかし、本末を転倒してはならない。自己・他者・世界に気遣い、配慮する人間存在は、自律的個人たちの対話的コミュニケーションが創りだすものではなく、有為無為、有能無能にかかわりなく、他者との深い関係性が創りだすものである。自己・他者・世界に気遣い、配慮する人間存在が、対話的コミュニケーションを存立可能にする台座なの

である。[*] この点ついて、節を改めて、もうすこし布衍しておきたい。

＊　野平慎二は、杉田（1995）、ドレイファス／ラビノウ（Dreyfus/Rabinow 1983＝1996）の研究を踏まえつつ、フーコーとハーバーマスとの違いについて、前者は「個人の倫理とそれにもとづく実践」を重視し「自分自身もまたそこに包摂されているという局在性に徹頭徹尾忠実に従って［課題］に臨む」が、後者は「社会的規範の正当性」を重視し「その課題に客観主義的態度で臨む」と述べている（野平 2004: 35）。私は、これに「関係性」と「対話的コミュニケーション」との違いを追加したい。

## 2　自律性と関係性

### †自律性と関係性

フーコーが主体という自己との関係を相対化しようとしたわけは、それが他者との肯定的な関係性を阻害してきたからである。カント、ヘルバルト、ヘーゲル以降の主体概念は、自律性を理想としている。彼らに先行したハチソン、シャフツベリー、ロックの個人概念も、同じく自律性を理想としている。彼らの主体・個人概念が定めている主体／客体の図式のなかでは、他者はかならず客体に縮減されてしまう。他者は、モノとして、分析され、意味づけられ、位置づけられ、そうされることで、操作され、活用され、排除される。フーコーが規律化という概念で語ろうとしたことは、簡単にいえば、人（子ども）を操作・活用・排除の対象にする「規則性」である。

しかし、主体・個人の自律性は、他者との深い関係性と矛盾するのではない。フーコーもブランショも明示的に語っていないが、人の自律性は、その人の他者との関係性によって支えられている。自分を制御することは、なによりも「自己制御することに意味がある」と信じていることである。この素朴な自律肯定の心情を生みだしているのは、自分を世界に調和させようという意志である。そして、この世界調和への意志を生みだしているのは、世界への肯定感情である。論理による肯定ではなく、心情による肯定である。この世界の存在そのものを受け容れ、尊び、歓んでいることである。それは、ボルノー（Bollnow, Otto F. 1903–1991）が「存在信頼」（Seinsvertrauen）と呼んだものであり、この世界への肯定感情を生みだしているものが、他者との関係性である（田中 2007）。今一度、パスカルの言葉を引いておきたい。「理性の行うすべての議論は、心情という台座のうえで行わなければならない」（Pascal 1993: IV, 282）。

他者との肯定的関係が世界を肯定するという感情を生みだすのは、もともと、人にとっての世界が自分を気遣う他者で構成されているからである。乳幼児を考えてみよう。親から愛され慈しまれている乳幼児は、親と自分との一体性を生きている。それは、力としての親ともう一つの力としての子どもが、相互に浸透しあっている状態である。生長するにつれて、その一体性のなかから〈私〉が分け出るとき、すなわちささやかな自己が生まれるとき、親は〈私〉をとりまく世界、大きな力として現れる。この〈私〉の世界としての親は、〈私〉を支え気遣う存在それ自体である。このときの、最初の他者である親が、子どもにとって心情的に肯定されている世界である。ようするに、人が生まれ育つ最初期の他者との肯定的関係性が、自分を肯定する感情の原型を形成し、この原型が、あらたな他者との肯定的関係性を繰りかえし経験するなかで、自明性として確立されていくのである。

## †他者のなかの自由

倫理としての自由を支えているものは、こうした世界への肯定感情だろう。世界への肯定感情がなければ、真の自由は成り立たないだろう。世界への肯定感情を喪うとき、倫理と自由との分離が生じるからである。それは、たとえば「なるほど、助けを求める人は助けるべきである。しかし、実際に助けるか助けないかは、私の自由である」という考え方である。フーコーもブランショも、このような「自由」を自由とは認めないだろう。

たとえば、ブランショは、二〇〇〇年の『問われる知識人』の最後で、人が示す「自由意志」とは、だれかが理不尽な暴力に直面し、その暴力に懸命に抵抗しているときに、その人が「なんらかの普遍的な真理を人びとに教える者としてではなく、自分が下したものではないその決断を支持し、自分がその決断に対し応答責任を有していると認め、その決断を強いられた人びとに同一化すること」である、と述べている。そして、その自由意志に付帯しているものは、「すべての［合理的］裁定の彼方」に位置している「倫理的強制」である、と（Blanchot 2000＝2002: 61-2 訳文変更）。

こうした自由概念を念頭に置くなら、自由に大いなる価値が生じるのは、人の自由な行動が他者の倫理的決断を分けもつことにいたるからである、といえるだろう。もちろん、自由そのものにも価値はあるが、自由が大いなる価値をもつときは、自由意志にもとづく行動が、他者との関係のなかで、他者を倫理的に助ける行為につながっているときである。いいかえるなら、自由の意味を精密に定義するだけでも、自由の価値を声高に叫ぶだけでも、そして自由の教育を入念に行うだけでも、自由の価値は生まれない。理不尽な暴力に対する決然とした批判と抵抗が行われるとき、そして、そうした批判と抵抗が自発的に他者との共有されるとき、自由は宣揚されるべき大いなる価値をもつ。

フーコー、ブランショにとって、「倫理的決断を分けもつ」ことは、主体の意志の所作というよりも、心情の力の所作である。「分ける」を意味する partager というフランス語は、当事者が主語となることもあれば、「宿命」「運命」「天賦の才」を意味することもあるように、自分以外のだれかが主語となることもある。「分けもつ」を意味するラテン語の participatio についても、同じことがいえる。すくなくとも、人がだれかの助けに「思わず」応じようとするとき、その判断の主語は、自分以外の何ものか、自分の「思議」を超える何ものかである。これまで「良心」(conscience ともに分けもたれた叡知)と呼ばれてきたものは、この何かではないだろうか。

ともあれ、繰りかえておくなら、自由に大いなる価値を生みだすものは、他者との肯定的関係性そのものである。それは、ヘーゲルが語った「キリスト教的な自由」に見いだされるような「心」「魂」「精神」の神性ではないだろう。端的にいえば、ある人の「良心」(倫理感覚)を支えているものは、その人と他者との深い関係性である。生の本態を共有しえたかけがえのない他者が〈私〉にいるからこそ、〈私〉は大いなる価値としての自由を享受することができる。いいかえるなら、人を自由のための闘いに誘うものは、その人にかけがえのない人がいる（いた）という事実である。かけがえのない人への想いこそが、人を危めるものへの批判と抵抗を生みだす。

**†航海を可能にするもの**

ここで思い出されるものは、ニーチェ、そして思想史家ブルーメンベルグ（Blumenberg, Hans 1920–96）の航海論である。古くから、「人生」は「航海」に喩えてきたが、ニーチェ、ブルーメンベルグも「人生」を「航海」に喩え、そこに人間が生きるべき「自由」を見いだしている。二人にとって、海は「他なるもの」すなわち法の外部、未知の世界、孤独と危険に満ちた強烈な経験につうじる広がりであり、航海は「他なるもの」との邂逅すなわち自己の大いなる変容を意味している（Blumenberg 1979＝1989）。コロンブスに思いをはせたニーチェが『華やぐ智慧』のなかで語った言葉を引きながら、ブルーメンベルグは、一九七九年に次のように述べている。

「私たちは、陸を去って、船に乗り込んだ。私たちは、みずから退路を断った。というよりも、背後の陸地までも破壊したのだ。さあ、小舟よ。用心せよ。［お前のそばに横たわっているのは大洋だ。］……もう「陸地」はないのだ」（Blumenberg 1979＝1989: 34 訳文変更; Nietzsche 1967–［FW］: sec. 124）。

いいかえるなら、「航海」は、「陸地」を離れて、すなわち制度化された安定性、計算された安全性、欲望された有用性を離れて、決死の自由を生きることである。実際、現代においても、私たちの人生は、かなり特殊な情況におかれていないかぎり、〈他なるもの〉との邂逅の可能性に満ちている。〈他なるもの〉との邂逅は、運命的、情熱的、悲劇的、革命的であるとはかぎらない。〈他なるもの〉と邂逅は、さりげなく、いつのまにか、生まれている。たとえば、新しい学校に入ること、新しい町に住むこと、新しい職場に移ることなどによっても、生まれている。

しかし、私たちの生きている環境が新しくなることは、私たちが〈他なるもの〉と邂逅することと同じではない。人は、環境が新しくなっても、そこに伏在する〈他なるもの〉を看過したり拒否したりできるからである。人は、安穏を求め、リスクを避け、心を閉ざすことで、環境がはらんでいる〈他なるもの〉を無視することができるからである。私たちが〈他なるもの〉を無視しつづけるなら、その人生は、いかに環境が変わろうとも、外に開かれず、自家撞着を繰りかえすだけだろう。外に開かれていない人生は、自分たちがつくりだした内閉世界に引きこもる人生を創りだすだろう。

しかし、ニーチェ、ブルーメンベルグが語りそこねたことがある。それは、環境が更新されるなかで、私たちが〈他なるもの〉を感知しそれに応答交感する力が、何に由来するのか、である。私たちは、いわば、この〈他なるもの〉を感知しそれに応答するアクチュアルな力を存立可能にする条件を、フーコー、ブランショの議論のなかに見いだしてきた。それが他者との関係性である。それは、かけがえのない他者への想いであり、自分が他者からかけがえのない存在者として想われてきたという記憶、つまるところ、無条件の愛の記憶である。港への想い、港の記憶こそが外洋への冒険を可能にする、といってもよいだろう。それは、退路を断っても、失われることがない、心に刻みこまれた記憶である。

## 3　教育と関係性

### †機能的分化社会と生の原子化

他者との関係性は、主体性だけでなく、つねに成果・実利を求める有用性指向にもなじまない。有用性指向が強いところでは、自分に利する目的を達成するうえで、役に立つか立たないか、それが人・物の価値を決める規準になっているからである。ルーマンの言葉を用いるなら、機能的分化、機能システム連関を基本構造としている近現代社会は、有用性指向の強い社会である。そこでは、個々人の関係、社会諸集団の関係は、協同的・対面的な出会いをつうじて直接的・心情的に生じるのではなく、さまざまな交換関係（売買関係）、契約関係をつうじて間接的・計算的に生じ、その結果、人の社会生活は、諸個人・諸集団が相互にからみあったさまざまな交換・契約の連鎖した状態となる。相互行為は、貨幣を媒介とし、計算を踏まえ、利益を求めて営まれるために、人びとの心情的距離が実質的に広がり、他者との関係性は弱まる、ないし隠されてゆく。

一九七四年に、経済学者のブレイヴァマンは、このような諸個人、諸集団の交換関係の連鎖状態における人びとの心情的距離の拡大を「原子化」(atomization) と呼んだ (Braverman 1974=1978: 302)。愛情によって結びついているはずの家族も、例外ではない。家族の多くが、つねに貨幣を媒介とした交換関係に置かれているため、知らず知らずのうちに自分の行為を交換関係に位置づけてしまうからである。人的資本論のように子どもの養育を見返りを求める「先行投資」と見なしたり、両親の介護を代価を支払ってもらえない「不当な労働行為」と見なしたりする。子どものもらうプレゼントは、親からの感謝の気持ちではなく、成績に対する対価と意味づけられるようになる。

こうした生の原子化は、雪だるま式に広がっていった。生の原子化によって他者との深い関係が衰弱するにつれて、それを代行する教育サーヴィス、介護サーヴィス、カウンセリングといった、新しいサーヴィスが開発された。以前は、家庭で行われていた営みや、近隣で行われていた相互扶助活動が、賃金労働にとってかわりつつある。そうしたサーヴィスの広がりとともに、他者との関係性はいっそう衰弱するだろう。こうしたサーヴィスは、協同的・家族的な気遣いを代補する営みであり、協同的・家族的な気遣いそのものではないからである。たとえば、親の子どもへの気遣いは、教育産業の学習指導と同一ではない。親の気遣いは無償の愛であるが、サーヴィス商品は見返りを求める商品である。家事・養育が軽減されるとともに、家庭生活の空しさが助長される。

機能的分化社会では、社会から貨幣価値に換算されないものが失われ、かわりに社会に交換可能なものが充ちていく。人びとは、商品としてのさまざまな物品、さまざまなサーヴィスに囲まれ、その商品連鎖から抜け出すことが、困難になっていく。さらに、こうした商品による包囲状態は、人びとの生活能力を低下させていく。商品の、物品からサーヴィスへという拡大は、自分で生活用品をつくったり、なおしたりする力を低下させ、消費行動を拡大する。ケガをしても、包帯の巻き方もわからず、熱が出れば、ただちに病院にかけこみ、成績がわるければ、すぐに学習塾に行かせる。サーヴィスにおいても、物品と同じように、手作り感は一応評価されるが、基本的に手作りそのものは敬遠される。そして、サーヴィスの差異化がはかられ、多様なサーヴィスが提供されることで、ますます人びとの生活能力は低下していく。ハイデガーのいう生き生きとした状態からの世界の乖離は、生の原子化、サーヴィス商品の増大、生活能力の低下として、世界に広がりつつある。

機能的分化によって他者との機能的関係が広がるなかで、教育は、「教育は機能的ではない」という批判に、たえずさらされさることになる。それは、たとえば、「目的合理的ではない」「成果があがらない」「効率的ではない」といった、収益率にもとづく費用便益分析的な批判である。教育は、それが子どもの学びを支援し成長を保全する営みであるかぎり、無為なる他者との関係を不可欠な要素としているし、私たちの人生がそうであるように、ムダ、無益と見えるものをつねにふくんでいるからである。そうした費用便益分析的な批判に屈服するとき、教育は、正真正銘の危機に瀕することになるだろう。それは、教育の台座を教育から放逐することを意味しているからである。

## †自己創出支援としての教育

私は、プロローグにおいて、喚起の教育、「道」への誘い、子どもの自己創出支援としての教育は、いかにして存立可能になるか、という問いを立てた。どうすれば、学ぶ人も、教える人も、自己同一性（いわゆる「ほんとうの私」）にこだわる自分を忘れることができるか。どうすれば、欲望に熱狂する群集に埋没するのではなく、軽やかな機知に敏感でありうるか。どうすれば、知の迷路を心から愉しみ、湧きあがる生への想いを深めることができるか。どうすれば、嫉妬や妨害を生みだす尊敬や名誉を求め競り合うのではなく、毀誉褒貶の彼方にある叡知の極星をめざすことができるか。どうすれば、たえず外に臨みながら、新しいよりよい〈私〉を〈私〉に呼び迎えられるのか。ようするに、生きることによりそう教育の営みは、いかにして可能になるのか、と。

他者との深い関係性こそが、こうした問いへの答えである、と答えるなら、短慮に過ぎるといわれるかもしれない。なるほど、情報化を踏まえて教育方法を最適化すること、カリキュラムを個々の子どもの学びによりそわせること、教育空間を物質的にも心理的にも快適にすること、教育予算そのものをもっと増やし教員を増やすこと、教育を見識を欠く政治的介入から守ること、各学校の自律性を保証することなど、教育をよりよくするために考えるべきことは他にもたくさんあるはずだ、といわれるだろう。たしかに、現行の学校中心の教育形態をおよそ維持するなら、こうした改善の努力はもちろん重要である。とくに物質的・財政的な支援は、教育の刷新（イノベーション）に不可欠である。

しかし、どのような授業を行おうとも、どのような学校を建築しようとも、どれほど多くの予算を用意しようとも、どれほど教育の自律性を守ろうとも、そうするだけでは、子どもの自己創出支援としての教育を可能にすることはできない。大人が子どもを無条件に支援するのも、子どもが自ら思議を超えて探求するのも、大人、子どもが生きることに真摯であるからであり、生きることを肯定しているからである。たんに生活を豊かにするためではなく、よりよく生きるために教え学ぶからである。大人も、子どもも、利益・成果をあげるためには人や物をどのように使えばいいのか、と問うだけでなく、人はいかに生きるべきか、と問いつづけているからである。すくなくとも、この明証的には答えられない問いかけをつづけるうえで、他者との深い関係性は不可欠である。

**†生きることへの問い**

フーコー、ブランショが暗示しているように、生きることを学ぶことは、自分一人でできることではない。生きることを学ぶためには、かならず他者が必要である。生きることは、それぞれの人がそれぞれの他者との関係性のなかで固有に学び教えられることである。生きることは、一人では学びえない。デリダは、一九九三年の『マルクスの亡霊』の冒頭で、おそらくブランショの言葉を念頭に置きながらであろうか、次のように述べている。

「生きることを学び教えること（apprendre à vivre）、すなわち自分から学び、自分に教えること、これは、論理そのものが禁じていることではないだろうか。生きることは、その定義からして、みずから学び自分に教えることができるものではない。自分で、生をつうじて、生から、そうすることはできない。それができるのは、他者を通じてであり、しかも死によってである。いずれにしても、生の限界にある他者をつうじてである。内側の限界であれ、外側の限界であれ、生の限界に位置する他者をつうじてである。それは、生死の境界における異他の教示（hétéro-didactique entre vie et mort）である。……それは倫理（éthique）そのものである」（Derrida 1993b: 14＝2007: 11 訳文変更）。

二〇〇四年のインタヴューでも、デリダは、次のように述べている。「だれかに無遠慮に声をかけ、『生きることを教えてやる』といえば、それは、ときに脅迫的にひびき、おまえを鍛えてやろう、さらに仕込んでやろう、ということを意味します。……訓練や修行、経験や実験によって、生を受け容れること、そして生を肯定することを学び教えることはできるのでしょうか。……私は『生きることを学び教えたこと』（appris-à-vivre）はありません。実際に、まったくないのです」と（Derrida 2005: 23-4）。そのデリダが、生きることについて理解したことは、生きることが「生き残ること」（survie）であるということ、すなわち「親しい他者の死のあとに生きること」、先に死んだドゥルーズ、フーコーらと「討論」しつづけること、彼らの固有な生に応答しつづけるということである（Derrida 2005: 23-4, 30）。デリダにとって、生きること、倫理の根幹は、他者との深い関係性であった。

## †関係性が生みだす一命への畏敬

デリダが強調する生者と死者との関係性の含意は、生者と生者との関係性のなかにも見いだせるだろう。すなわち、大人が子どもと、子どもが子どもと、子どもが動物と、すなわち人がだれかと、生きることへの問いを分けもつとき、深い関係性のなかにあるとき、たとえば「もしも〈あなた〉がいなかったら、〈私〉はどうなるだろう」と想うだけで、人は「ともに在ることの歓喜」を実感することができるからである。人は基本的に、愛する者の死を想うだけで、規範への従属をこえる生への応答を強いられるからである。そこに「〈私〉が生きることは、〈あなた〉とともに在ることを歓ぶことである」という、一つの答えが立ちあがる。

なるほど、規範すなわち規則・約束・合意などを遵守することは、大切である。教育者がよく口にするように、「けじめをつける」「責任を果たす」といったこと、つまり規範に対し誠実であることは、たしかに大切である。しかし、たとえば、「いのちの教育」において、子どもたちが殺して食べるために飼っている動物に愛着をおぼえ、「とても殺せない」という心情に突き動かされているにもかかわらず、「この動物を殺して食べると決めたことを最後までやりとげることが、責任を果たすことである」と述べることは、倫理的な誤りである。それは、当初の合意という規範よりも大切なことが生じたにもかかわらず、その事実を無視し規範をただ墨守することだからである。

一九九〇年代に登場し、規範としての「正義」に、関係性としての「ケア」を対峙させた、ケアリング論が示唆してきたように、規範よりも大切なことが生じるときがいつなのか、規範はけっして教えてくれない。規範よりも大切なことを教えてくれるのは、他者との深い心情的な関係である。人は、他者との肯定的な関係のなかで、何かに真摯に取り組みつつ、「生きるとはどういうことか」と問いつづけることで、規範よりも大切なことが生じるときを直感するだろう。今こそ、規範に抗うときだ、と。規範への責任ではなく、〈あなた〉への応答を優先するべきである、と。そのとき、人を突き動かしているものが、デリダのいう「倫理」であり、本書が「倫理感覚」と呼ぶものである。

関係性が生みだす倫理感覚を押し殺し、関係性を断ち切ることは、規範の支配、恣意の欲望に屈することである。それは、一命への畏敬を愚弄すること、一つ一つの命のかけがえのなさを無視することである。他者との関係性が生みだす一命への畏敬という倫理感覚に従うことは、豊かな魂が生みだす弱さの力である。他者との関係性という概念を欠いた教育は、豊かな魂をヤスリでけずるような暴力である。倫理感覚への暴力は、一命の畏敬の感情よりも、有用性の実益を優先する態度につうじている。今、私たちに必要なことは、一命の畏敬の感情に、有用性の営み全体、すなわち機能システムをよりそわせることである。

# あとがき

数年前に、妻が知り合いのフランス人に「ミシェル・フーコーって、知ってる?」とたずねたとき、彼は「もちろん、有名なプレゾンタトゥールでしょ」と応えた。母国フランスでは、世界的な哲学者のミシェル・フーコーよりも、バラエティ番組の司会者のミシェル・フーコーのほうが有名だった。

フーコーの名前は、一九八二年、学部学生のときに、指導教授の鈴木慎一先生から教わったが、『外の思考』はまったくわからず、『哲学の舞台』を読むと、なんとなくフランクフルト学派の亜流のような印象で、さして興味もわかなかった。むしろ、当時の私の関心はキリスト教にあった。キリスト教が、一方で、この世のいかなる法律にも道徳にも従わない清廉な批判的思考を示すかと思えば、他方で、この世に壮大な位階的秩序、超越的実体を作りあげるというずれを見せるからであり、そして近代においても、西欧世界の思想的台座をなしてきたからである。

大学院に入ってからフーコーを真剣に読むようになったのは、その規律化論が近代教育の思想史的批判になっていると感じたからである。そのうち、私は、その思想に体現されている深い批判的思考に強く惹かれるようになった。そこに、キリスト教が見せてきたような清廉さを感じとった。

＊

二〇〇〇年前後、私が教育の批判から教育の再構築に研究スタンスを変えたとき、何よりも必要だと感じたことは、世界への信頼であった。大人も子どもも、この世界に生まれ、この世界を生きる歓びから、遠ざかっているように感じたからである。子どもたちは今、この世界にいることが嬉しくて飛び跳ねるように生きているか、世界は、私たちを編みあわせ、私たちを支える存在と感じられているか、教育現場やマスメディアにあふれるもっともらしい教育についての台詞は、この世界への信頼をますます遠ざけているのではないか、と。

おこがましくも、私は、人びとが世界を信じられる社会情況をつくりだしたい、と願っている。それは、かけがえのない命への気遣いを欠いている権力、知の装置から逃れることであり、かけがえのない命によりそう新しい社会情況を実際につくりつづけることである。たじろぐことなく、また冷ややかになることもなく、たゆまず、よりよい社会情況をつくりだすことである。

日本でも、アメリカ、ヨーロッパでも、教育学者は、フーコーの思想を近代教育批判として読んできた。この本で試みたかったことは、そうした読み方とはちがい、基本的にフーコーの思想のなかに〈人が生きる〉ための存在論的な条件を見いだすことである。いささか風変わりであるかもしれないが、少なくとも私にとっては、人がよりよく生きるための存在論的な条件を語ることが、教育学のもっとも重要な使命だからである。

＊

数年前から、三〇代前半に書いた原稿を、苦笑いしながら、書きなおしてきた。文字どおり「言葉にならない」いらだちが論理をねじ曲げている原稿を読み、いささか赤面しながら、自分の思考を書き改めた。一九八四年に出版されたブランショの『明かしえぬ共同体』は、そのころほとんど受けつけなかったが、今やよくわかるようになった。ありありとよみがえる苦い想いと、もはやそうした想いから離れそうになっている自分に、時間の流れと時代の推移を、あらためて感じることになった。

勁草書房編集部の徳田慎一郎氏には、『教育人間論のルーマン』にひきつづき、お世話になった。これで、三度めの共同作業である。末尾ながら、心から御礼申し上げる。

二〇〇八年一二月三日

田中智志

〈書誌〉なお、本書の各章は、これまでに発表してきた以下の論文を書きあらためたものである。

第１章　初稿は一九九一年の「主体の史的唯名論序説」という未発表論文。のちに少し縮め、「主体身体という装置——フーコーの批判的存在論」という題で『駒澤大学文学部紀要』（第五三号 一九九五年）に掲載。
第2章 初稿は一九九三年の「フーコーの「外の思考」」という未発表論文。
第3章 初稿は一九九一年の「教育に対するテロリズム」という未発表論文。その縮小版は同名のまま二〇〇〇年四月の『情況』に掲載。
第4章 初稿は一九九八年の「力としての自己」という未発表論文。のちに『教育学年報 一〇』（教育学年報編集委員会編 二〇〇三年）に掲載。
第5章 初稿は二〇〇三年の「アクチュアリテからの批判」『近代教育フォーラム』（教育思想史学会編 第一三号 二〇〇四年）。
第6章 初稿は二〇〇八年の「不安と自由——フーコーの力概念の変容」（科学研究費補助金研究「教育における「力」の概念に関する学際的研究」の第一回研究会（二〇〇八年五月）の報告原稿）。

# 〈付録〉ミシェル・フーコーの略歴

一九二六年　フランス中西部の古い町で、多くの教会が点在するポアチエに、高名な外科医の息子として生まれる。

一九四六年　フランスでもっとも権威のある高等教育機関（大学教員・研究者を養成する大学）であるエコール・ノルマル・スペリウール（高等師範学校）に一浪して入学。

一九五〇年　大学の教員になるためには避けてとおれないアグレカシオン（哲学教授［＝大学教員］資格試験）の準備をしているときに、アルチュセール（Althusser, Louis 1918-90）と知りあい、彼の思想に共鳴し、共産党に入党するが、しばらくして脱党。その年、アグレカシオンの筆記試験に合格するが、口述試験に失敗して一浪、翌年に合格する。二四歳。

一九五三年　リール大学の心理学助手に就任、二七歳。

一九五四年　最初の著作である『精神疾患と人格』（のちに『精神疾患と心理学』に改題）を出版。

一九六〇年　クレルモン・フェラン大学の心理学講師に就任、三四歳。

一九六一年　ヘーゲル研究者のイポリット（Hyppolite, Jean 1907-68）、科学思想史研究者のカンギレム（Canguilhem, Georges 1904-95）を指導教授として『古典主義時代における狂気の歴史』を書き、文学博士号（国家博士）を取得、三五歳。同博士論文は、どういうわけか、有名な学術出版社であるガリマール社から出版を拒否される。しかし、たまたまアリエス（Aries, Philippe）がその原稿を読み、彼の推薦によってプロン社から出版されることになる。

一九六三年 『レーモン・ルーセル』、『臨床医学の誕生』を出版、三七歳。

一九六六年 『言葉と物』を出版。「プチパンのように売れた」といわれている。四〇歳。

一九六八年 パリ第一〇大学（ナンテール校）の心理学教授に就任するが、なぜか二週間でそこを辞職し、すぐにパリ第八大学（ヴァンセンヌ校）の哲学正教授に就任、四二歳。

一九六九年 思想史研究・哲学的歴史の方法論である『知の考古学』を出版、四三歳。

一九七〇年 コレージュ・ド・フランスの「思考システムの歴史」講座の教授に就任、四四歳。その教授就任講演は、一九七一年に『言説の秩序』（邦題『言語表現の秩序』）として出版され、「言説」を特異な用語として確立していく契機となる。

一九七三年 『これはパイプではない』を出版、四七歳。

一九七五年 『監視と処罰』（邦題『監獄の誕生』）を出版、四九歳。

一九七六年 『性愛の歴史Ⅰ――知への意志』（邦訳『性の歴史Ⅰ』）を出版、五〇歳。この頃から毎年秋にアメリカ西海岸の大学（とくにカリフォルニア大学バークレー校）を訪れ、英語で講義を行う。

一九八四年 『性愛の歴史Ⅱ――歓喜の活用』（『性の歴史Ⅱ』）、『性愛の歴史Ⅲ――自己への配慮』（『性の歴史Ⅲ』）を出版。同年の六月二五日、一〇月に出版しようと考えていた『性愛の歴史Ⅳ――肉慾の告白』を校正している途中でパリの病院で死亡。五八歳。

一九九四年 没後一〇年を記念して、『フーコー――語ったことと書いたもの 一九五四～一九八八年』（*Dits et écrits, 1954-1988* 邦題『フーコー思考集成』）が、全四巻で出版される。

**一九九四年**　『フーコー批判的評価』（*Michel Foucault Critical Assessment*）が、全七巻で出版開始。これらには、おもに英語圏で出版されたフーコーにかんする研究論文一〇一本が、精選収録されている。

**一九九七年**　『コレージュ・ド・フランスの講義』（*Cours au Collège de France* 邦題『フーコー講義集成』）が、全一三巻の予定で刊行され始める。

# 索引

# 参考文献


今井康雄　1999「ハーバーマスと教育学」原聡介ほか編『近代教育思想を読みなおす』新曜社。

今村仁司　1997『アルチュセール――認識論的切断』講談社。

今田高俊　1986『自己組織性』創文社。

宇野邦一　2003「自己と汚辱の書法」『現代思想』31（16）: 14-20.

大石紀一郎　1995「力への意志」大石紀一郎ほか編『ニーチェ事典』弘文堂。

大野正和　2006『過労死・過労自殺の心理と職場』青弓社。

柄谷行人　1989『探究 Ⅱ』講談社。

久米博　1992『隠喩論――思索と詩作のあいだ』思潮社。

古東哲明　2002『ハイデガー＝存在神秘の哲学』講談社。

桜井哲夫　1996『フーコー――知と権力』講談社。

佐藤嘉幸　2003「身体、自己、単独性――フーコーの転回をめぐって」『現代思想』31（16）: 106-119.

清水哲郎　1990「オッカム唯名論の世界把握」『哲学』（哲学書房）2: 138-153.

杉田敦　1998『権力の系譜学――フーコー以降の政治理論に向けて』岩波書店。

田中智志　2003「ケアリングの経験――ドゥルーズの〈一つの生〉」市村尚久ほか編『経験の意味世界をひらく』東信堂。

田中智志　2004「力としての自己――フーコーの諸力の関係」藤田英典ほか編『教育学年報10』世織書房。

田中智志　2005『人格形成概念の誕生――近代アメリカの教育概念史』東信堂。

田中智志　2007「関係性と暴力」臨床教育人間学会編『リフレクション臨床教育人間学』東信堂。

田中智志・山名淳（編）2004『教育人間論のルーマン――人間は〈教育〉できるのか』勁草書房。

丹下隆一　1984 『意味と解読——文化としての社会学』マルジュ社。
丹生谷貴志　1996 『ドゥルーズ・映画・フーコー』青土社。
中島義道　1997 『カントの人間学』講談社（現代新書)。
野家啓一　1993 「ヴィトゲンシュタインの衝撃」新田義弘ほか編『言語論的転回』岩波書店。
野平慎二　2004 「啓蒙をめぐるハーバーマスとフーコー」『富山大学教育学部紀要』58: 27-38.
見田宗介　1995 『現代日本の感覚と思想』講談社。
水嶋一憲　1995 「ミシェル・フーコーと啓蒙の問い」『経済論叢』156 (4): 102-122.
水嶋一憲　1997 「かくも脆いこのとき」『現代思想』25 (3): 86-103.
森田伸子　2005 『文字の経験——読むことと書くことの思想史』勁草書房。
森村修　1998 「理性の運命」『現代思想』26 (9): 59-85.

*

Adams, Marilyn M.　1987　*William Ockham*. 2 vols. Notre Dame, ID: University of Nortre Dame Press.
Agamben, Giorgio　2006　"Che cos'e un dispositivo ?" unpublished paper. ＝ 2006　高桑和己訳「装置とは何か？」『現代思想』34 (7): 84-96.
Althusser, Louis　1971　*Lenin and Philosophy and Other Essays*. London: New Left Books.
Ambrosio, John "Writing the Self: Ethical Self-formation and the Undefined Work of Freedom," *Educational Theory* 58 (3): 251-267.
Arthusser, Louis and Balibar, Etienne　1968　*Lire Le Capital*, 2 vols. Paris: Librairie Francois Maspero. ＝ 1974　権寧・神戸仁彦訳『資本論を読む』合同出版。
Ashenden, Samantha and Owen, David eds.　1999　*Foucault contra Habermas: Recasting the Dialogue between Genealogy and Critical Theory*. London: Sage.
Ball, Stephen J., ed.　1990　*Foucault and Education: Disciplines and Knowledge*. London/New York: Routledge. ＝ 1999　稲垣恭子・喜名信之・山本雄二監訳『フーコーと教育——「知＝権力」の解読』勁草書房。

Banner, Lois 1973 "Religious Benevolence as Social Control: A Critique of an Interpretation," *Journal of American Histroy* 60 (4): 23-42.

Bataille, George 1954 *Somme athéologique, I: L'Expérience intériere.* Paris: Gallimard.

Bauman, Zygmunt 2005 *Liquid Life.* London: Polity Press.

Behler, Ernst 1990 *Irony and the Discourse of Modernity.* Seattle: University of Washington Press.

Behler, Ernst 1991 *Confrontations: Derrida-Heidegger-Nietzsch*e. Stanford: Stanford University Press.

Behler, Ernst 1996 "Nietzsches Sprachtheorie und der Aussage-charakter seiner Schriften," *Nietzsche Studien* 25: 64-86.

Bernauer, James W. 1990 *Michel Foucault's Force of Flight.* New York: Humanities Press. = 1994 中山元訳『逃走の力——フーコーと思考のアクチュアリティ』彩流社。

Biesta, Gert J. J. 1998a "Say You Want a Revolution ....: Suggestions for the Impossible Future of Critical Pedagogy," *Educational Theory* 48 (4): 499-510.

Biesta, Gert J. J. 1998b "Deconstruction, Justice, and the Question of Education," *Zeitschrift für Erziehungwissenschaft* 1: 395-411.

Biesta, Gert J. J. 1998c "Pedagogy Without Humanism: Foucault and the Subject of Education," *Interchange* 29 (1): 1-16.

Bingham, Charles 2001 "What Friedrich Nietzsche Cannot Stand about Education: Toward a Pedagogy of Self-Reformulation," *Educational Theory* 51 (3): 337-352.

Blanchot, Maurice 1955 *L'espace littéraire.* Paris: Gallimard. = 1976 粟津則雄・出口裕弘訳『文学空間』現代思潮社。

Blanchot, Maurice 1959 *Le livre à venir.* Paris: Gallimard. = 1989 粟津則雄訳『来るべき書物』筑摩書房。

Blanchot, Maurice 1969 *L'entretien infini.* Paris: Gallimard.

Blanchot, Maurice 1983 *La communauté inavouable.* Paris: Éditions de Minuit. = 1984 西谷修訳『明かしえぬ共同体』朝日出版社。

Blanchot, Maurice 1986 *Michel Foucault: Tel que je l'imagine.* Paris: Fata Morgana. = 豊崎光一訳『ミシェル・フーコー——想いに映る

まま』哲学書房。
Blanchot, Maurice　2000　*Les intellectuels en question: Ébauche d'une réflextion*. Paris: Farrago.　=　2002　安原伸一朗訳『問われる知識人——ある省察の覚書』月曜社。
Blumenberg, Hans　1979　*Schiffbruch mit Zuschauer: Paradigma einer Daseinsmetapher*. Frankfurt am Main: Suhrkamp Verlag.　=1989　池田信雄・岡部仁・土合文夫訳『難破船』哲学書房。
Blumenberg, Hans　1983　*The Legitimacy of the Modern Age*. Cambridge, MA: MIT Press.
Blumenberg, Hans　1988　*Die Legitiität der Neuzeit*. Frankfurt am Main: Suhrkamp Verlag.　=　1998/2001/2002　斉藤義彦・忽那敬三・村井則夫『近代の正統性』I・II・III　法政大学出版局。
Braverman, Harry　1974　*Labor and Monopoly Capital: The Degradation of Work in the Twentieth Century.* New York: Monthly Review Press.　=　1978　富沢賢治訳『労働と独占資本』岩波書店。
Brown, Richard H.　1987　*Society as Text: Essays on Rhetoric, Reason, and Reality*. Chicago: University of Chicago Press.
Burbules, Nicholas　1986　"A Theory of Power in Education," *Educational Theory* 36 (2): 95-114.
Chomsky, Norm and Foucault, Michel　1974　"Human Nature: Justice versus Power," F. Elders, ed., *Reflexive Water*. New York: Souvenir Press.
Crary, Johnathan　1992　*Techniques of the Obserber. On Vision and Modernity in 19th Century*. Boston: MIT Press.
Deacon, Roger　2002　"Truth, Power and Pedagogy: Michel Foucault and the Rise of the Discplines," *Educational Philosophy and Theory* 34 (4): 435-458.
Deacon, Roger　2003　*Fabricating Foucault: Rationalising the Management of Individuals*. Milwaukee: Marquette University Press.
Dean, Mitchell　1991　*The Constitution of Poverty: Toward a Genealogy of Liberal Governance*. New York: Routledge.
Deleuze, Gilles　1990　*Pourparlers*. Paris: Éditions de Minuit.　=　1996　宮本寛訳『記号と事件——1972－1990年の対話』河出書房新社.
Deleuze, Gilles　1992　"What is a dispositif?" T. J. Armstrong, ed.,

*Michel Foucault Philosopher*, New York: Harvester Wheatsheaf.

Deleuze, Gilles　1994　"Désir et plaisir", *Magazine Litteraire* No. 325: 57-65.　=　1994　小沢秋広訳「欲望と快楽」『文藝』53 (5): 138-49.

Deleuze, Gilles　2003　*Deux régimes de fous: textes et entretiens 1975-1995*. Paris: Édition de Minuit.　=　2004a/b　宇野邦一監修『狂人の二つの体制 1975－1982』／『狂人の二つの体制 1983－1995』河出書房新社。

Deleuze, Gille et Guattari, Felix　1991　*Qu'est-ce que la philosophie?* Paris: Éditions de Minuit.

Deleuze, Gilles　1986　*Foucault*. Paris: Éditions de Minuit.　=　1987　宇野邦一訳『フーコー』河出書房新社。

Depaepe, Marc and Meyers, Paul　2008　"Educationalization as an Ongoing Modernization Process," *Educational Theory* 58 (4): 379-89.

Derrida, Jacques　1987　*Ulysse Gramophone: Deux mots pour Joyce*. Paris:　Éditions Galilée.　=　2001　合田正人・中真生訳『ユリシーズ グラモフォン――ジョイスに寄せる二言』法政大学出版局。

Derrida, Jacques　1993　*Passions*. Paris: Édition Galilée.　=　2001　湯浅博雄訳『パッション』未来社。

Derrida, Jacques　1993b　*Spectres de Marx: L'État de la dette, le travail du deuil et la novelle Internationale*. Paris: Édition Galilée.　=2007　増田一夫訳『マルクスの亡霊たち――負債状況＝国家、喪の作業、新しいインターナショナル』藤原書店。

Derrida, Jacques　1994a　*Force de loi: La ＜Fondement mystique de l'autorité＞*. Paris: Éditions Galilée.　=　1999　堅田研一訳『法の力』法政大学出版局。

Derrida, Jacques　1994b　*Apories: Mourir—s'attendre aux ＜limites de la vérité＞*. Paris: Éditions Galilée.　=　2000　港道隆訳『アポリア』人文書院。

Derrida, Jacques　1994c　*Politiques de l'amitié*. Paris: Éditions Galilée.

Descartes, Rene　1979- (1905)　"Principia Philosophiae," tome 8: 1, Charles Adam et Paul Tannery ed., *Œuvres*, 11 vols. Paris: Éditions du CNRS.

Donzelot, Jacques　1977　*La Police des familles*. Paris: Éditions de

Minuit. ＝ 1991 宇波彰訳『家族に介入する社会』新曜社。

Dreyfus, Hubert L. 1981 "Knowledge and Human Values: A Genealogy of Nihilism," *Teachers College Record* 82 (3): 507-520.

Dreyfus, Hubert L. 1991 *Being-in-th-World: A Commentary on Heidegger's Being and Time,* Division 1. Cambridge, MA: MIT Press. ＝ 2000 門脇俊介監訳『世界内存在――『存在と時間』における日常性の解釈学』産業図書。

Dreyfus, Hubert L. 1992 "On the Ordering of Things: Being and Power in Heidegger and Foucault," Ewald, François, ed., *Michel Foucault Philosopher,* tans., Timothy Armstrong. New York/London: Harvester Wheatsheaf..

Dreyfus, Hubert L. 1993 "Heidegger on the Connection between Nihilism, Art, Technology and Politics," ed., Charles Guignon, *The Cambridge Companion to Heidegger.* Cambridge: Cambridge University Press.

Dreyfus, Hubert L. 2003 ""Being and Power" Revisited," Alan Milchman and Alan Rosenberg, eds., *Foucault and Heidegger: Critical Encounters*. Minneapolis: University of Minnesota Press.

Dreyfus, Hubert L. 2004a "Being and Power: Heidegger and Foucault," http://socrates.berkeley.ed/hdreyfus/html (University of California, Berkeley).

Dreyfus, Hubert L. 2004b "Heidegger and Foucault on the Subject, Agency and Practices," http://socrates.berkeley.ed /hdreyfus/html (University of California, Berkeley).

Dreyfus, Hubert and Rabinow, Paul 1983 *Michel Foucault: Beyond Structuralism and Hermeneutics,* 2nd edn. Chicago: University of Chicago Press. ＝ 1996 山形頼洋・鷲田清一ほか訳『ミシェル・フーコー――構造主義と解釈学を超えて』筑摩書房。

Eribon, Didier 1989 *Michel Foucault* (*1926-1984*). Paris: Flammarion.

Ewald, François 1997 "Foucault et l'actualité," in *Au risque du Foucault.* Paris: Éditions du Centre Pompidou, pp. 203-12.

Ewald, François 1999 "Foucault and the Contemporary Scene," *Philosoph & Social Criticism* 25 (3): 81-91.

Foucault, Michel　1961　"Introduction à l'Anthoropologie de Kant," *Thèse complémentaire pour le Doctorat ès Lettres*. Paris.

Foucault, Michel　1963　"Preface à la transgression," *Critique* No. 195-6: 751-70（=Foucault 1994, No. 13).

Foucault, Michel　1966-7　"Entretien," "Sur les façons d' écrire l'histoire," *Les Letters Françaises*（31 mars）1, No. 123: 3-4;（15 juin）1, No. 187: 6-9.　=　1986　福井憲彦訳「歴史の書き方――『言葉と物』をめぐって」『Actes』3: 162-82.

Foucault, Michel　1966　*Les mots et les chese: Une archéologie des sciences humanines*. Paris: Gallimard.　=　1974　渡辺一民・佐々木明訳『言葉と物――人文科学の考古学』新潮社。

Foucault, Michel　1967　"Un 'Fantastique de bibliotheque'," *Cahiers Renaud Barrautt* 59（March): 7-30.　=　1991　工藤庸子訳『幻想の図書館』哲学書房（=Foucault 1994, No. 75)。

Foucault, Michel　1969a　*L'archéologie du savoir*. Paris: Gallimard.　=　1995　中村雄二郎訳『知の考古学』（改訳版）河出書房新社。

Foucault, Michel　1969b　"Qu'est-ce qu' un auteur?" *Bulletin de la Société Française de Philosophie* 63: 73-104（=Foucault 1994, No. 69).

Foucault, Michel　1971a　*L'ordre du discours*. Paris: Gallimard.　=　1981　中村雄二郎訳『言語表現の秩序』河出書房新社。

Foucault, Michel　1971b　"Nietzshe, la généalogie, l' histoire," *Hommage à Jean Hyppolite*. Paris: Presses Universitaires de France.　=　1984　伊藤晃訳「ニーチェ・系譜学・歴史」『エピステーメー』II-0号（=Foucault 1994, No. 84)。

Foucault, Michel　1972　*Histoire de la folie à l'âge classique*. 2e edn. Paris: Gallimard.　=　1975　田村俶訳『狂気の歴史――古典主義時代における』新潮社。

Foucault, Michel　1975　*Surveiller et punir: naissance de la prison*. Paris: Gallimard.　=　1977　田村俶訳『監獄の誕生――監視と処罰』新潮社。

Foucault, Michel　1976　*Histoire de la sexualité, 1: la volonté de savoir*. Paris: Gallimard.　=　1986　渡辺守章訳『性の歴史 I ――知への意志』新潮社。

Foucault, Michel　1977　“Le Jeu de Michel Foucault,” *Ornicar*? 10: 62-93.　＝　1987　増田一夫訳「装置・性現象・無意識」『同性愛と生存の美学』哲学書房（＝Foucault 1994, No. 206)。

Foucault, Michel　1979　“On Governmentality,” *I & C 6*（*Aut*): 5-22（＝Foucault 1994, No. 239).

Foucault, Michel　1980a　“Table ronde du 20 mai 1978,” M. Perrot, ed., *L'impossible prison*.　Paris: Seuil（＝Foucault 1994, No. 278).

Foucault, Michel　1980b　“Truth and Power,” C. Gordon, ed., *Power/Knowledge*. New York: Pantheon（＝Foucault 1994, No. 192).

Foucault, Michel　1981　“De l'amitié comme mode de vie,” *Le Gai Pied*, No. 25: 38-39（＝“Friendiship as a lifestyle, an interview with Michel Foucault,” *Gay Information*, No. 7: 4-6)/(＝Foucault 1994, No. 293).

Foucault, Michel　1983　“The Subject and Power,” in Dreyfus, Hubert and Rabinow, Paul, *Michel Foucault: Beyond Structuralism and Hermeneutcs*, 2nd edn. Chicago: University of Chicago Press（＝Foucault 1994, No. 306).

Foucault, Michel　1984a　*L'usage des plaisirs: histoire de la sexualité,* tome 2. Paris: Gallimard.　＝　1986　田村俶訳『性の歴史Ⅱ――快楽の活用』新潮社。

Foucault, Michel　1984b　*Le souci de soi: histoire de la sexualité,* tome 3. Paris: Gallimard.　＝　1986　田村俶訳『性の歴史Ⅲ――自己への配慮』新潮社。

Foucault, Michel　1984c　“On the Genealogy of Ethics,” P. Rabinow, ed., *Foucault Reader*. New York: Pantheon（＝Foucault 1994, No. 344).

Foucault, Michel　1984d　“Politics and Ethics,” P. Rabinow, ed., *The Foucault Reader*. New York: Pantheon（＝Foucault 1994, No. 341).

Foucault, Michel　1984e　“What is Enlightenment?” P. Rabinow, ed., *The Foucault Reader*. New York: Pantheon（＝Foucault 1994, No. 339).

Foucault, Michel　1984f　“Polemics, Politics, and Problemization” P. Rabinow, ed., *The Foucault Reader*. New York: Pantheon（＝Foucault 1994, No.342).

Foucault, Michel 1984g "Le retour de la morale," *Les Nouvelles Littéraires*, n⁰ 2937, 28 juin/5 juil: 36-41 (Entrevista com G. Barbedette e A. Scala em 29 de Maio de 1984. Última entrevista de Michel Foucault) (=Foucault 1994, No. 354).

Foucault, Michel 1984h "L'intellectuel et les pouvoirs," *La Revue Nouvelle*, Vol. 60, n⁰ 10: 338-345 (Entrevista com C. Panier e P. Watté em 14 de Maio de 1981) (=Foucault 1994, No. 359).

Foucault, Michel 1984i "Qu'appelle-t-on punir?," *Revue de l'Université de Bruxelles*, Vol. 1, n⁰ 3: 35-46 (Entrevista com F. Ringelheim em Dezembro de 1983) (=Foucault 1994, No. 346).

Foucault, Michel 1988a (1980) "Power, Moral Values, and the Intellectual," *History of the Present* 4: 1-2, 11-13 (Entrevista com M. Bess em Novembro/1980).

Foucault, Michel 1988b (1979) "Politics and Reason" (="Omnes et Singulatim: Towards a Criticism of Political Reason"), in *Politics, Philosophy, Culture: Interviews and Other Writings, 1977-1984*, Lawrence D. Kritzman ed. New York: Routledge (=Foucault 1994, No. 291).

Foucault, Michel 1988c (1982) "Technologies of the Self," L. H. Martin,et al., eds., *Technologies of the Self*. Amherst: University of Massachusetts Press (=Foucault 1994, No. 363).

Foucault, Michel 1990 "Qu'est-ce que la critique?/Critique et Aufklärung," *Bulletin de la Société Française de Philosophie* 84: 35-63.

Foucault, Michel 1991 "Questions of Method," G. Burchell, C. Gordon and P. Miller, eds., *The Foucault Effect: Studies in Governmentality*. Hemel Hempstead: Harvester Wheatsheaf.

Foucault, Michel 1994 *Michel Foucault: Dits et Écrits, 1954-1988*, 4 vols. Paris: Gallimard. = 1998－2002 蓮見重彦・渡辺守章監修『ミシェル・フーコー思考集成』全10巻 筑摩書房。

Foucault, Michel 1999a *Les Anormaux: Cours au Collège de France, 1974-1975*. Paris: Gallimard /Le Seuil. = 2002 慎改康幸訳『異常者たち――コレージュ・ド・フランス講義 1974－1975年度』筑摩書房。

Foucault, Michel　1999b　*Discourse and Truth: The Problematization of Parrhesia*, ed., Joseph Pearson. WWW.foucault.info.

Foucault, Michel　2001a　*L'herméneutique du sujet: Cours au Collège de France, 1981-1982*. Paris: Gallimard /Le Seuil.　=　2004　廣瀬浩司／原和之訳『主体の解釈学――コレージュ・ド・フランス講義 1981－1982年度』筑摩書房。

Foucault, Michel　2001b　*Frealess Speech,* ed., Joseph Pearson. Los Angeles: Semiotext(e).　=　2002　中山元訳『真理とディスクール――パレーシア講義』筑摩書房。

Foucault, Michel　2004　*Naissance de la biopolitique:* Cours au Collège de France, 1978-1979. Paris: Gallimard/Le Seuil.　=　2008　慎改康幸訳『生政治の誕生――コレージュ・ド・フランス講義 1978－1979年度』筑摩書房。

Gadamer, Hans-Georg　1976a　*Philosophical Hermeneutics*. Berkeley, CA: University of Carifornia Press.

Gadamer, Hans-Georg　1976b　"Hermeneutik als praktische Philosophie," *Vernunft im Zeitalter der Wissenschaft*. Frankfurt am Main: Suhrkamp Verlag.　=　1979　森口美都男訳「実践哲学としての解釈学」『思想』No.659, pp. 80-97.

Giddens, Anthony　1976　*New Rules of Sociological Method*. London: Hutchinson.

Goldshmidt, Victor　1983　*Anthropologie et politique*. Paris: J.Vrin.

Gros, Frédéric　2001　"Situation du cours," Michel Foucault, *L' herméneutique du sujet: Cours au Collège de France,* 1981-1982. Paris: Gallimard/Le Seuil.　=　2004　廣瀬浩司／原和之訳「講義の位置づけ」『主体の解釈学――コレージュ・ド・フランス講義 1981－1982年度』筑摩書房。

Gros, Frédéric ed.　2002　*Foucault: le courage de la vérité*. Paris: Presses Universitaires de France.

Gutting, Gary ed.　1994　*The Cambridge Companion to Foucault*. Cambridge University Press.

Habermas, Jürgen　1977　"Zu Gadamers＜Wahrheit und Method＞," *Hermeneutik und Ideologiekritik*. Frankfurt: Suhrkamp Verlag.

Habermas, Jürgen　1983　"Modernity: An Incomplete Project," H.

Foster, ed. *The Anti-Aesthetics: Essays on Postmodern Culture*. The Bay Press. ＝ 1987 室井尚ほか訳「近代――未完成のプロジェクト」『反美学』勁草書房。

Habermas, Jürgen 1985a *Der philosophische Diskurs der Moderne: zwölf Vorlesungen*. Frankfurt am Main: Suhrkamp Verlag. ＝ 1990 三島憲一ほか訳『近代の哲学的ディスクルス』I・II 岩波書店。

Habermas, Jürgen 1985b *Die neue Unubersichtlichkeit: kleine politische Schriften*. Frankfurt am Main: Suhrkamp Verlag. ＝ 1995 河上倫逸監訳『新たなる不透明性』松籟社。

Han, Beatrice 2002 *Foucault's Critical Project: Between the Transcendental and the Htorical*. Stanford: Stanford University Press.

Hegel, G. W. F. 1986 *Georg Wilhelm Friedrich Hegel Werke*. 20 Bdn. Taschenbuch. Frankfurt am Main: Suhrkamp Verlag.

PG＝*Phänomenologie des Geists*, Bd. 3.

GPR＝*Grundlinien der Philosophie des Rechts*, Bd. 7.

VPG＝*Vorlesungen über die Philosophie der Geschichte*, Bd. 12. ＝ 1971 武市健人訳『歴史哲学』上・中・下巻 岩波書店。

Heidegger, Martin 1950 "Die Zeit des Weltbilds," in *Holzwege*. Frankfurt am Main: Vittorio Klostermann. ＝ 1962 桑木務訳『世界像の時代』理想社。

Heidegger, Martin 1957 *Die Identität und Der Differenz,* 7. Aufl. Pfullingen: G. Neske. ＝ 1960 大江精志郎訳『同一性と差異性』理想社。

Heidegger, Martin 1975- *Martin Heidegger Gesamtausgabe*. Frankfurt am Main: Vittorio Klostermann. ＝ 1985- 辻村公一／茅野良男／上妻精／大橋良介／門脇俊介ほか訳『ハイデッカー全集』全102巻（予定）創文社。

Heidegger, Martin 1976（1966） "Nur noch ein Gott kann uns retten"（The Interview with Rudolf Augstein and Georg Wolff, 23 September 1966), *Der Spiegel*, 31 May 1976: 193-219.

Heidegger, Martin 1977 *Sein und Zeit,* in *Gesamtausgabe*, Abt. I, Bd. 2. Frankfurt am Main: Vittorio Klostermann. ＝ 1960 桑木務訳『存在と時間』（上・中・下）岩波書店。

Heidegger, Martin　1988　*Ontologie*, in *Gesamtausgabe*, Abt. II, Bd. 63. Frankfurt am Main: Vittorio Klostermann.　=　1992　篠憲二ほか訳『オントロギー』創文社。

Heidegger, Martin　1997　*Die Grundprobleme der Phänomenologie,* in *Gesamtausgabe,* Abt. II, Bd. 24. Frankfurt am Main: Vittorio Klostermann.　=　2001　溝口兢一ほか訳『現象学の根本諸問題』創文社。

Heidegger, Martin　2000　*Über den Humanismus*. Frankfurt am Main: Vittorio Klostermann.　=　1997　渡邉二郎訳『ヒューマニズムについて』筑摩書房。

Heidegger, Martin　2001　*Sein und Zeit*. Tübingen: Max Niemeyer Verlag.

Hogan, David　1989　"The Market Revolution and Disciplinary Power: Joseph Lancaster and the Psychology of Early Classroom System," *History of Education Quarterly* 29（3): 381-417.

Hogan, David　1990　"Modes of Discipline: Affective Individualism and Pedagogical Reform in New England, 1820-1850," *American Journal of Education* 99（1): 1-56.

Hoy, David ed.　1986　*Foucault: A Critical Reader*. New York: Basil Blackwell.

Hutcheon, Linda　1989　*The Politics of Postmodernism*. New York: Routledge.　=　1991　川口喬一訳『ポストモダニズムの政治学』法政大学出版局。

Husserl, Edmund　1954a　*Die Krisis der europäischen Wissenschaften und die transzendentale Phänomenologie*. Den Haag: Martinus Nijhoff.　=　1995　細谷恒夫・木田元訳『ヨーロッパ諸学の危機と超越論的現象学』中央公論社。

Husserl, Edmund　1954b　"Vom Ursprung der Geometrie," *Die Krisis der europäischen Wissenschaften und die transzendentale Phä nomenologie.* Den Haag: Martinus Nijhoff.　=　1995　細谷恒夫・木田元訳「幾何学の起源について」『ヨーロッパ諸学の危機と超越論的現象学』中央公論社。

Kant, Immanuel　1968　*Kants Werke: Akademie Textausgabe*, 22 Bde. Berlin: Walter de Gruyter.

Kant, Immanuel　1974　*Kant Werkausgabe,* 12 Bde. Frankfurt am Main: Suhrkamp.

Kant, Immanuel　1968［8］（1784）“Beantwortung der Frage: Was ist Aufklärung?” *Kants Werke: Akademie Textausgabe*, Bd.8. Berlin: Walter de Gruyter.　=　1974　篠田英雄訳「啓蒙とは何か」『啓蒙とはなにか』（文庫版）岩波書店。

Kelly, Michael ed.　1994　*Critique and Power: Recasting the Foucault/Habermas Debate.* Cambridge: MIT Press.

Kremer-Marietti, Angèle　1985　*Michel Foucault: Archéologie et Généologie.* Paris: Librairie Générale Française.　=　1992　赤羽研三ほか訳『ミシェル・フーコー――考古学・系譜学』新評論。

Lecourt, Dominique.　1975　*Marxism and Epistemology: Bachelard, Canguilhem and Foucault.* trans., Ben Brewster. London: New Left Books.

Lenzen, Dieter　1991　“Pädagogisches Risikowissen, Mythologie der Erziehung und pädagogische Methexis: Auf dem Weg zu einer refleiven Erziehungswissenschaft,” *Zeitschrift für Pädagogik* 27: 109-125.

Luxson, Nancy　2004　“Truthfulness, Risk, and Trust in the Late Lectures of Michel Foucault,” *Inquiry* 47: 464-489.

Lyotard, Jean François　1979　*La condition postmoderne.* Paris: Minuit.

MacIntyre, Alasdair　1984　*After Virtue: A Study in Moral Theory,* 2nd edn. Notre Dame, ID: University of Notre Dame Press.　=　1993　篠崎榮訳『美徳なき時代』みすず書房。

McLaren, Peter　1995　*Critical Pedagogy and Predatory Culture.* New York: Routledge.

Marshall, James　1996　*Michel Foucault: Personl Autonomy and Education.* Dordrecht: Kluwer Academic Publishers.

Marshall, James　1998　“Michel Foucault: Philosophy, Education, and Freedom as an Exercise upon the Self,” Michael Peters, ed., *Naming the Multiple: Poststructurism and Education.* Westport, CT: Bergin & Garvey.

Martin, L. H., et al, eds.　1988　*Technologies of the Self.* Amherst:

University of Massachusetts Press. = 1990 田村俶・雲和子訳『自己のテクノロジー――フーコー・セミナーの記録』岩波書店。

Masschelein, Jan 2006 "Experience and the Limits of Governmentality," *Educational Philosophy and Theory* 38 (4): 561-575.

Masschelein, Jan and Ricken, Norbert 2003 "Do We (Still) Need the Concept of Bildung?" *Educational Philosophy and Theory* 35 (2): 139-154.

Merquior, Jose G. 1985 *Foucault*. New York: Fontana Press. = 1995 財津理訳『フーコー――全体像と批判』河出書房新社。

Miller, James 1993 *The Passion of Michel Foucault*. New York: Simon and Schuster. = 1998 田村俶ほか訳『ミシェル・フーコー――情熱と受苦』筑摩書房。

Mourad, Roger, Jr. 2001 "Education After Foucault: The Question of Civility," *Teachers College Record* 103 (5): 739-759.

Nancy, Jean-Luc 1979 *Ego sum*. Paris: Flammarion. = 1986 庄田常勝・三浦要訳『エゴ・スム――主体と変装』, 朝日出版社。

Nancy, Jean-Luc ed. 1989 *Cahiers confrontation 20: apres le sujet qui vient*. Paris: Aubier. = 1996 港道隆ほか訳『主体の後に誰が来るのか？』現代企画室。

Nancy, Jean-Luc 1999 *La communauté désœuvrée*. Paris: Christian Bourgois Editeur. = 2001 西谷修・安原伸一朗訳『無為の共同体――哲学を問い直す分有の思考』以文社。

Negri, Antonio and Hardt, Michael 2000 *Empire*. Cambridge, MA: Harvard University Press. = 2003 水嶋一憲・酒井隆史・浜邦彦・吉田俊美訳『帝国――グローバル化の世界秩序とマルチチュードの可能性』以文社。

Nietzsche, Friedrich 1964 [WM] *Der Wille zur Macht: Versuch einer Umwertung aller Werte,* in Friedrich *Nietzsche Samtliche Werke,* Bd. 9. Stuttgart: Alfred Kröner Verlag. = 1993 原佑訳『権力への意志』上・下（ニーチェ全集11/12）筑摩書房。

Nietzsche, Friedrich 1967-88 *Nietzsche Werke: Kritische Gesamtausgabe*, 8 Abt (20 Bde), Hrsg., G. Colli und M. Montinari. Berlin: Walter de Gruyter. = 1979- 浅井真男・薗田宗人ほか訳『ニーチェ全集』第Ⅰ期12巻／第Ⅱ期12巻、白水社。

FW＝"Die fröhliche Wissenshaft: la gaya scienza,"（1882）Abt. 5, Bd. 2. ＝ 1980 氷上英廣訳「華やぐ知慧」『ニーチェ全集』（Ⅰ－10）白水社。

AZ＝"Also sprach Zarathustra,"（1883-5）Abt. 6, Bd. 1. ＝ 1982 薗田宗人訳「ツァラトゥストラはこう語った」『ニーチェ全集』（Ⅱ－1）白水社。

GB＝"Jenseits von Gut und Böse,"（1886）Abt. 6, Bd. 2. ＝ 1987 吉村博次訳「善悪の彼岸」『ニーチェ全集』（Ⅱ－2）白水社。

GM＝"Zur Genealogie der Moral,"（1887）Abt. 6, Bd. 2. ＝ 1987 秋山英夫訳「道徳の系譜」『ニーチェ全集』（Ⅱ－3）白水社。

NF1885-7＝"Nachgelassene Fragmente（1885-7),"Abt. 8, Bd. 1. ＝ 1984 三島憲一訳「残された断想（1885秋－87秋）」『ニーチェ全集』（Ⅱ－9）白水社。

NF1888＝"Nachgelassene Fragmente（1888),"Abt. 8, Bd. 3. ＝ 1983/5 氷上英廣訳「残された断想（1888初頭－夏）」／「残された断想（1888.5－89初頭）」『ニーチェ全集』（Ⅱ－11/12）白水社。

GD＝"Götzen-Dämmerrung,"（1888）Abt. 6, Bd. 3. ＝ 1987 西尾幹二訳「偶像の黄昏」『ニーチェ全集』（Ⅱ－4）白水社。

A＝"Der Antichrist,"（1888-9）Abt. 6, Bd. 3. ＝ 1987 西尾幹二訳「アンチクリスト」『ニーチェ全集』（Ⅱ－4）白水社。

O'Leary, Timothy 2002 *Foucault and the Art of Ethics*. London/New York: Continuum.

Olssen, Mark 1999 *Michel Foucault: Materialism and Education*. Westport, CT: Bergin and Garvey.

Pascal, Blaise 1993 *Pensées de Pascal*. Paris: Garnier-Flammarion. ＝ 1978 前田陽一・由木康訳『パンセ』（世界の名著 29）中央公論社。

Perrot, Michelle, ed. 1980 *L'impossible prison: Recherches sur le systeme penitentiaire au* ⅩⅨ*e Sicle*. Paris: Editions du Seuil.

Peters, Michael A., ed. 1998 *Naming the Multiple: Poststructuralism and Education*. Westport, CT: Bergin and Garvey.

Peters, Michael A. 2003 "Truth-telling as an Educational Practice of the Self," *Oxford Review of Education* 29（2): 207-223.

Postman, Neil 1979 *Teaching as a Conserving Activity*. New York:

Delacorte Press.

Postmann, Neil 1992 *Technopoly: The Surrender of Culture to Technology*. New York: Alfred A. Knopf. = 1994 GS 研究会訳『技術 VS 人間——ハイテク社会の危険』新樹社。

Postman, Neil and Charles Weingartner 1969 *Teaching as a Subversive Sctivity*. New York: Delacorte Press.

Pradeau, Jean-François 2002 "Le sujet ancien d'une éthique modern," in Gros, ed. 2002: 131-154.

Rabinow, Paul ed. 1984 *The Foucault Reader*. New York: Pantheon.

Rajchman, John 1985 *Michel Foucault: The Freddom of Philosophy*. New York: Columbia University Press. = 1987 田村俶訳『ミシェル・フーコー——権力と自由』岩波書店。

Rajchman, John 1991 *Truth and Eros: Foucault, Lacan, and the Question of Ethics*. New York: Routledge.

Rayner, Timothy 2007 *Foucault's Heidegger: Philosophy and Transformative Experience*. Lindon/New York: Continuum.

Reiland, Rechel 2002 *I'm Not Supposed to Be Here*. Milwaukee, WI: Eggshells Press. = 2007 遊佐安一郎監訳『ここは私の居場所じゃない』星和書店。

Riesman, David 1950 *The Lonely Crowd: A Study of the Changing American Character*. New Haven, CT: Yale University Press. = 1964 加藤秀俊訳『孤独な群衆』みすず書房。

Rorty, Richard 1979 *Philosophy and the Mirror of Nature*. Princeton: Princeton University Press. = 1993 野家啓一監訳 『哲学と自然の鏡』産業図書。

Rorty, Richard 1982 *Consequences of Pragmatism: Essays: 1972-1980*. Minneapolis: University of Minnesota Press. = 1985 室井尚ほか訳『哲学の脱構築』お茶の水書房。

Rorty, Richard 1987 "Habermas and Lyotard on Postmodernity," R. J. Bernstein ed., *Habermas and Modernity*. Boston: The MIT Press.

Rorty, Richard 1998 *Achieving Our Country: Leftist Thought in Twentieth-Century America*. Cambridge, MA: Harvard University Press. = 2000 小澤照彦訳『アメリカ 未完のプロジェクト——20世紀アメリカにおける左翼思想』晃洋書房。

Rose, Nikolas　1989　*Governing the Soul: The Shaping of the Private Self*. London: Routledge.

Rose, Nikolas　1996　*Inventing Our Selves: Psychology, Power and Personhood*. Cambridge: Cambridge University Press.

Rousseau, Jean-Jacques　1964-9　*Œuvres complètes de Jean-Jacques Rousseau*. 5 vols. Paris: Gallimard.

Rousseau, Jean-Jacques　1964-9（1762a）　*Du contract social*, in *Œuvres complètes*, tome 3.

Rousseau, Jean-Jacques　1964-9（1762b）　*Émile ou de l'éducation*, in *Œuvres complètes*, tome 4.　＝　1962　今野一雄訳『エミール』（文庫版）岩波書店。

Rousseau, Jean-Jacques　1924-34　*Correspondance générale de Jean-Jacques Rousseau*, 20 vols. Genève: Dufour-Plan.

Sartre, Jean Paul　1955　*L'étre et le neant: Essai d'ontologie phénoménologique*. Paris: Gallimard.　＝　1956　松浪信三郎訳『存在と無――現象学的存在論の試み』3分冊（サルトル全集 第18－20巻）人文書院。

Sharpe, Matthew　2005　"Critique as Technology of the Self," *Foucault Studies* No. 2: 97-116.

Skinner, Quintin　1978　*The Foundation of Modern Political Thought*, 2 vols. Cambridge: Cambridge University Press.

Suchman, Lucy　1987　*Plans and Situated Actions*. Cambridge: Cambridge University Press.

Thompson, Kevin　2003　"Form of Resistance: Foucault on Tactical Reversal and Self-formation," *Continental Phlosophy Review* 36: 113-138.

Todorov, Tzvetan　1998　*Le jardin imparfait: La pensée humaniste en France*. Paris: Édition Grasset and Fasquelle.　＝　2002　内藤雅文訳『未完の菜園――フランスにおける人間主義の思想』法政大学出版局。

Veyne, Paul　1993　"The Final Foucalt and His Ethics," *Critical Inquiry* 20（1）: 1-9.

Veyne, Paul　2008　*Foucault: Sa pensée, sa personne*. Paris: Albin Michel.

Wittgenstein, Ludwig　1968　*Philosophische Untersuchungen*, 3rd edn., G. E. M. Anscombe, ed. Oxford: Basil Blackwell.

Wittgenstein, Ludwig　1969　*Über Gewißheit* (*On Certainty*), G. E. M. Anscombe and G. H. von Wright, ed. Oxford: Basil Blackwell.　=　1975 『確実性の問題』（ウィトゲンシュタイン全集９）大修館書店。

Zupancic, Alenka　2000　*Ethics of the Real: Kant and Lacan.* London/New York: Verso Books.　=　2003　冨樫剛訳『リアルの倫理－カントとラカン』河出書房新社。

Zupancic, Alenka　2003　*The Shortest Shadow: Nietzsche's Philosophy of the Two*. Cambridge, MA: MIT Press.

**著者略歴**

1958年山口県生まれ。早稲田大学大学院文学研究科博士後期課程満期退学。山梨学院大学大学院教授。博士（教育学）東京大学。専攻は教育学（教育思想史・臨床教育学）。『他者の喪失から感受へ』（勁草書房、2002年）、『〈近代教育〉の社会理論』（共編著、勁草書房、2003年）、『教育人間論のルーマン』（共編著、勁草書房、2004年）、『教育の共生体へ』（編著、東信堂、2004年）、『教育学がわかる事典』（日本実業出版社、2003年）、『臨床哲学がわかる事典』（日本実業出版社、2005年）、『人格形成概念の誕生』（東信堂、2005年）、『グローバルな学びへ』（編著、東信堂、2008年）、『キーワード 現代の教育学』（共編著、東京大学出版会、2009年）、『教育思想史』（共著、有斐閣、2009年）、『社会性概念の構築』（東信堂、2009年）ほか。

教育思想のフーコー　教育を支える関係性

2009年 6 月10日　第 1 版第 1 刷発行

著　者　田《た》　中《なか》　智《さと》　志《し》

発行者　井　村　寿　人

発行所　株式会社　勁《けい》　草《そう》　書　房

112-0005 東京都文京区水道2-1-1　振替　00150-2-175253
（編集）電話 03-3815-5277／FAX 03-3814-6968
（営業）電話 03-3814-6861／FAX 03-3814-6854
日本フィニッシュ・青木製本



http：//www.keisoshobo.co.jp

教育思想のフーコー
教育を支える関係性

2016年6月1日　オンデマンド版発行

著　者　田　中　智　志

発行者　井　村　寿　人

発行所　株式会社　勁《けい》　草《そう》　書　房

112-0005 東京都文京区水道 2-1-1　振替　00150-2-175253
（編集）電話 03-3815-5277／FAX 03-3814-6968
（営業）電話 03-3814-6861／FAX 03-3814-6854

印刷・製本　(株)デジタルパブリッシングサービス http://www.d-pub.co.jp



AJ711

ISBN978-4-326-98233-2　Printed in Japan